ELEITOR - O Protagonista de uma Nação

ELVIS FERREIRA DE MORAIS

EPÍGRAFE

Um político divide os seres humanos em duas classes: instrumentos e inimigos.
FRIEDRICH NIETZSCHE

A política não deveria ser a arte de dominar, mas sim a arte de fazer justiça.
ARISTÓTELES

O preço a pagar pela tua não participação na política é seres governado por quem é inferior.
PLATÃO

AGRADECIMENTO

Agradeço a Deus por me guiar em todos os caminhos que eu tive a oportunidade de escolher. Sendo que a literatura é uma destas vias que mais felicidade tem me proporcionado ao longo desta jornada de tantas descobertas e surpresas agradáveis.

Agradeço aos meus pais por tanto carinho e afeto. Vocês são e sempre serão as fontes de inspiração mais intensas da minha existência.

ÍNDICE

INTRODUÇÃO

Todos nós, seres humanos dito *homo sapiens*, pertencemos a uma sociedade que também pode ser considerada como um imenso teatro onde é importante sabermos distinguir a função de todos os papeis destinados a cada um de nós, os personagens racionais, vamos desempenhar ao decorrer de uma peça tragicômica que chamamos de vida. Assim sendo, uma nação, compreendida como a maior mantenedora desta arte dramática, só pode ser considerada como tal se souber respeitar o seu maior protagonista: o próprio povo. Tudo é para ele e por ele, mesmo que poucos cidadãos pratiquem essa verdade absoluta dentro de um contexto prático e assíduo como tem de ser. Em verdade, é neste momento que entra o compromisso sagrado do voto por ele representar muito mais do que um símbolo vivo da democracia de um estado que pelo menos em teoria respeita a vontade de sua população. O processo de sufrágio é a outorga que estamos dando para que alguém atue por nós em diversas esferas e níveis governamentais, mas isso não significa que esta concessão seja uma carta branca para que estes representantes façam o que bem quiserem com esta procuração porque uma coisa é a promessa e o outro lado, compreendido como a execução, se apresenta com um contexto bem diferente, em parte dessemelhante ou maquiado em relação ao que foi prometido. Com a devida vênia, eu creio que este ponto do entendimento sobre a longitude que há entre expectativa e realidade já foi bem elucidado pelos teóricos da matéria (juristas, filósofos, sociólogos, antropólogos, cientistas políticos e afins) que nos ensinaram com muita categoria em suas respectivas áreas sobre a fisiologia de um processo democrático que viabiliza ou o que entrava na prática das políticas públicas em cada ciclo temporal que denominamos de mandato. Contudo, ainda existem muitas perguntas que não se cansam de surgir na minha mente de cidadão indignado com a situação do meu país que são: será que nós conhecemos de fato os nossos direitos e os nossos deveres em um sentido mais amplo dessa temática? Sabemos do nosso poder enquanto responsáveis diretos pelo futuro e pelo presente do país? Entendemos a nossa importância enquanto agentes que possuem de verdade as rédeas de qualquer situação? Fazemos valer as nossas demandas enquanto instigadores legitimados pela Constituição Federal da República? Todas estas questões pertinentes serão tratadas nas entrelinhas dos tópicos ao decorrer deste trabalho que visa levantar o assunto de que o eleitor é a parte mais relevante dessa engrenagem política que tanto necessita ser polida para que enfim tenhamos o ideal positivista de "ordem e progresso" [o amor por princípio e ordem por base; o progresso por fim] de Auguste Comte [(1798 – 1857) foi o responsável pelos primeiros esforços para delimitar o campo de estudo da Sociologia. Tendo sido profundamente influenciado pelos grandes acontecimentos de sua época, como o desenrolar da Revolução Francesa e a crescente Revolução Industrial, Comte ficou conhecido por sua obra fundamentada pela "filosofia positiva" ou positivismo. Fonte: site Mundo Educação da UOL] sendo cumprido como manda os preceitos legais e filosofais da temática. Algo muito profundo, eu compreendo, mas que há a necessidade de ser estudado e levado ao conhecimento de todos porque não podemos mais aceitar a politicagem e sim a politização daquele que carrega consigo o dom de decidir os rumos da nação. Uma atitude que precisa ser bem analisada para que a consciência coletiva saiba de verdade que fez uma boa seleção de seus representantes. Em suma, trata-se daquele antigo, mas muito eficiente ponto de vista de que os meios justificam sim os fatos.

Esta obra tem dois propósitos fundamentais: conscientização e empoderamento [Empoderado possui uma definição aproximada da palavra "autonomia". Sendo assim, uma pessoa empoderada é aquela cujo destino é influenciado pelas próprias ações. Ainda que existam adversidades no mundo externo, um indivíduo faz valer as suas crenças naquilo em que acredita. Fonte: site Psicanálise Clínica] do eleitor brasileiro. Cada voto importa porque a nossa opinião tem de ser sempre garantida e respeitada. Mas este trabalho vai muito além da proposta de discutir sobre a importância do sufrágio porque ele também questiona o cidadão por trás do eleitor sobre o quanto que este cidadão sabe sobre o poder magnânimo que possui. O tempo para exercermos a cidadania é o agora. Está mais do que na hora de compreendermos o Brasil sob a óptica do nosso próprio povo e não mais abaixarmos as nossas cabeças para as tantas improbidades em série.

Eleitor – O Protagonista de Uma Nação é uma reflexão que pode perfeitamente se tornar em uma prática real em nossas vidas tão cercadas por desmandos e comandos errôneos. Merecemos um mundo melhor e o começo dessa metamorfose pode ser exatamente com a racionalização do voto.

1. A IMPORTÂNCIA DO VOTO

O voto é o exercício legítimo da vontade popular e tem de ser respeitado e entendido como um ato essencial para a vida de todos nós, brasileiros esperançosos por dias melhores. Cada um de nós precisa formar um juízo de valor onde o voto tem que ser compreendido como uma ação da mais alta prioridade porque é um compromisso com a nossa cidadania, uma expressão que simboliza a nossa vontade, independentemente do que houver posteriormente de resultado nas urnas (sobre se o (a) seu (a) candidato (a) foi eleito ou não). Em meu humilde entendimento, o voto é o começo e o fim de nossa trajetória como cidadão atento a todas as questões que nos afetam coletivamente e individualmente.

Para embasar ainda mais a minha tese sobre a importância do sufrágio para a cidadania brasileira, assento ao texto algumas opiniões inerentes ao tema deste trabalho ao longo de diferentes eras da humanidade que são:

"Não há nada de errado com aqueles que não gostam de política, simplesmente serão governados por aqueles que gostam". Platão [(428/427 – 348/347 a.C.) Fundador da Academia de Atenas, Platão, aluno de Sócrates e professor de Aristóteles, é um dos filósofos gregos mais conhecidos e estudados até os dias atuais, especialmente por sua obra ter sobrevivido praticamente intacta a mais de 2400 anos, o que não aconteceu com a grande maioria de seus contemporâneos. Fonte: site Info Escola]

"É imoral pretender que uma coisa desejada se realize magicamente, simplesmente porque a desejamos. Só é moral o desejo acompanhado da severa vontade de prover os meios da sua execução". José Ortega y Gasset [(1883 – 1955) foi um filósofo, ensaísta, jornalista e ativista político, fundador da Escola de Madrid. Ortega é amplamente considerado o maior filósofo espanhol do Século XX. Fonte: Wikipédia]

"A primeira impressão que se tem de um governante e da sua inteligência é dada pelos homens que o cercam". Nicolau Maquiavel [(1469 – 1527) foi um filósofo, historiador, poeta, diplomata e músico de origem florentina do Renascimento. É reconhecido como fundador do pensamento e da ciência política moderna, pelo fato de ter escrito sobre o Estado e o governo como realmente são, e não como deveriam ser. Fonte: Wikipédia]

"Quem não luta pelos seus direitos não é digno deles". Rui Barbosa [(1849- 1923) advogado, jornalista, jurista, político, diplomata, ensaísta e orador. Um dos membros fundadores da ABL – Academia Brasileira de Letras. Fonte: site da Academia Brasileira de Letras]

"Ninguém é suficientemente competente para governar outra pessoa sem o seu consentimento".

Abraham Lincoln [(1809 – 1865) foi o 16º presidente dos Estados Unidos, assumindo o posto em 1861. Seu governo ficou marcado pela Guerra Civil Americana, conflito entre os estados do norte e sul dos Estados Unidos em virtude da questão da expansão da escravidão. Proclamou a abolição do trabalho escravo em seu país e foi assassinado em 1865 por um ex-confederado. Fonte: site História do Mundo]

"Nunca se mente tanto como antes das eleições, durante uma guerra e depois de uma caçada". Otto Von Bismarck [(1815 – 1898) Príncipe de Bismarck, Duque de Lauenburg foi um nobre, diplomata e político prussiano e uma personalidade internacional de destaque do século XIX. Otto von Bismarck, o chanceler de ferro, foi o estadista mais importante da Alemanha do século XIX. Fonte: Wikipédia]

"O futuro dependerá daquilo que fazemos no presente". Mahatma Gandhi [(1869 – 1948) foi um advogado e líder espiritual e pacifista indiano. É considerado um símbolo da luta contra o colonialismo e pela independência da Índia. Fonte: site Sua Pesquisa]

"Dá teu voto inteiro; não uma simples tira de papel, mas toda a tua influência". Henry Thoreau [(1817-1862) foi um naturalista americano, escritor e abolicionista. É autor de um dos ensaios mais radicais e influentes da história da filosofia política: Desobediência Civil. Trata-se de uma série de reflexões ao longo de uma noite de 1846 que ele passou na prisão em virtude de sua resistência tributária. Thoreau proclamou "que o melhor governo é o que não governa" e exortou seus leitores a "retirar seu apoio, tanto em pessoa como na propriedade" aos governos que fazem e aplicam leis injustas. Fonte: site idéias Radicais]

"A liberdade de eleições permite que você escolha o molho com o qual será devorado." Eduardo Galeano [(1940 – 2015) foi um jornalista e escritor uruguaio. É autor de mais de 40 livros, que já foram traduzidos em diversos idiomas. Suas obras transcendem gêneros ortodoxos, combinando ficção, jornalismo, análise política e História. Fonte: Wikipédia]

"O que promove a corrupção é o voto do eleitor que pensa primeiro em si." Público Athayde [(1961) Possui graduação em Licenciatura em História pela Universidade Federal de Ouro Preto (1986) e mestrado em Ciência Política pela Universidade Federal de Minas Gerais (1990). Atualmente é presidente de Associação de Ex-Alunos do Instituto de Ciências Humanas e Sociais da Universidade Federal de Ouro Preto (ASSOSEX). Fonte: site Escavador]

"É perigoso para um candidato nacional dizer coisas que as pessoas possam lembrar." Eugene Mccarthy [político dos Estados Unidos que foi durante muito tempo membro do Congresso. Teve igualmente assento na Câmara dos Representantes de 1949 a 1959 e depois no Senado de 1959 a 1971. Foi por várias vezes candidato à presidência, mas nunca obteve êxito. Fonte: Wikipédia]

"Eu não quero saber das campanhas eleitorais para nada. Eu quero saber das ideias que as pessoas têm e da maneira como depois as vão defender e praticar."

Agostinho da Silva [(1906–1994) foi um filósofo e escritor luso-brasileiro, um dos maiores pensadores de língua portuguesa dos tempos recentes. Fonte: site E Realizações]

"O povo não existe por causa do rei, mas o rei existe por causa do povo." John Milton [(1608 – 1674) foi um poeta, polemista, intelectual e funcionário público inglês, servindo como Secretário de Línguas Estrangeiras da Comunidade da Inglaterra sob Oliver Cromwell. Fonte: Wikipédia]

Observemos então, meus caros leitores, sobre quantas voltas nos pudemos fazer com a linha temporal quando nos deparamos com os tantos períodos diferentes que viveram estes ilustres que fizeram estas citações, o que indica com muita garantia de verdade de que a política é um tema que sempre importou e que sempre importará para todas as comunidades que existem no mundo. Sabiamente, Aristóteles [(384-322 a.C), assim como seu mestre Platão viveu na Grécia Antiga. Ele desenvolveu uma teoria política, não se atendo tanto a forma de ideal que a *Polis* deveria ter, mas sim em que consiste "fazer política", e também discutiu quem seriam os verdadeiros políticos de seu tempo. Este pensamento de Aristóteles foi uma revolução na época. Fonte: site Blog do Enem] já nos orientou de maneira brilhante sobre o tema ao nos brindar com o pensamento de que *o homem é um animal político*. Pensamento emblemático esse e de uma amplitude colossal da qual não devemos condicioná-lo apenas a questão política em si, ou seja, este homem apresentado pelo nobre filósofo se refere a um ser pensante, equilibrado, hábil, consciente de suas responsabilidades, polido, com um senso de cidadania bem apurado, o que logo posso definir como o indivíduo capacitado para resolver os problemas gerados pela própria sociedade. E ainda nesse viés ideológico, eu posso de pronto fazer uma conexão desta sabedoria de contexto universal e humanitária com o Artigo 1º da Constituição Federal do Brasil em seu parágrafo único que expõe: *Todo o poder emana do povo, que o exerce por meio de representantes eleitos ou diretamente, nos termos desta constituição.* Assim, diante destas duas provas elementares da história (uma parte de contexto mundial e outra muito importante para a nação brasileira) eu posso chegar tranquilamente a um raciocínio positivista de que sem política não há como termos de fato uma sociedade em pleno gozo do usufruto da evolução da espécie. Mais uma vez, é oportuno trazer o entendimento de que tudo começa pelo interesse íntimo pelo ato sagrado de querer votar e não pela obrigatoriedade legal do mesmo. Ainda assim, depois de se posicionar com o voto, nós (o povo da nação brasileira) temos que: participar, interagir, fazer uso da sua opinião, discutir com a coletividade sobre as melhores saídas para os problemas, indicar algo pertinente ou algo que precisa ser mudado o quanto antes, cobrar os representantes (seja ele o presidente da república ou o seu presidente de bairro) sobre questões que estão afetando a comunidade de alguma maneira, esclarecer os pontos obscuros que existem na relação cidadão-agentes políticos. Exercícios fundamentais dentro de um contexto que eleitor faz valer a sua voz.

2. FUNÇÕES DOS CARGOS ELETIVOS

Para compreendermos melhor sobre as atribuições de cada indivíduo que ocupa um cargo eletivo, acho pertinente apresentar o resultado de uma pesquisa sobre o assunto onde coletei algumas informações que irão nos trazer mais luz sobre essas funções devidamente delegadas pelas normas vigentes.

No que corresponde ao Presidente da República, segundo a Lei nº 9 de 28 de fevereiro de 1945 que ainda está em vigência, obviamente que em consonância com a Constituição Federal de 1988, temos então o seguinte:

Art. 74 - Compete privativamente ao
Presidente da República:

a) sancionar, promulgar e fazer
publicar as leis e expedir decretos e
regulamentos para sua execução;

b) expedir decretos-leis;

c) dissolver a Câmara dos Deputados
no caso do parágrafo único do art.167;

d) adiar, prorrogar e convocar o
Parlamento;

e) manter relações com os Estados
estrangeiros;

f) celebrar convenções e tratados
internacionais, *ad referendum* do
Poder Legislativo;

g) exercer a chefia suprema das forças
armadas, administrando-as por
intermédio dos órgãos do alto
comando;

h) decretar a mobilização;

i) declarar a guerra depois de
autorizado pelo Poder Legislativo, e,
independentemente de autorização,
em caso de invasão ou agressão
estrangeira;

j) fazer a paz *ad referendum* do Poder Legislativo;

k) permitir, após autorização do Poder Legislativo, a passagem de forças estrangeiras pelo território nacional;

l) intervir nos Estados e neles executar a intervenção, nos termos constitucionais;

m) decretar o estado de emergência e o estado de guerra;

n) exercer o direito de graça;

o) nomear os Ministros de Estado;

p) prover os cargos federais, salvo as exceções previstas na Constituição e nas leis;

q) autorizar brasileiros a aceitar pensão, emprego ou comissão de Governo estrangeiro;

r) determinar que entrem provisoriamente em execução, antes de aprovados pelo Parlamento, os tratados ou convenções internacionais, se a isso o aconselharem os interesses do País.

Quanto ao que compete aos (as) Deputados (as) Federais, de acordo com o que foi pesquisado no site daquela Casa, em sua página denominada Agência Câmara de Notícias, temos o seguinte texto explicativo:

[...] O deputado pode propor novas leis e alteração ou revogação de leis existentes, incluindo a própria Constituição. As propostas são votadas pelo Plenário -- ou pelas comissões, quando for o caso. Qualquer projeto de iniciativa do Executivo passa primeiro pela Câmara, antes de seguir para o Senado. Cabe ainda aos parlamentares discutir e votar medidas provisórias, editadas pelo governo federal. Nem todas as propostas são votadas no

Plenário: muitas são decididas nas comissões temáticas da Casa.

Compete aos integrantes da Câmara dos Deputados, juntamente com os senadores, por exemplo, discutir e votar o orçamento da União, assim como fiscalizar a aplicação adequada dos recursos públicos. É durante a análise da proposta orçamentária que os deputados apresentam emendas que destinam verbas para a realização de obras específicas em seus estados e municípios. Os parlamentares também examinam o planejamento plurianual do governo federal e as diretrizes para o orçamento do ano seguinte.

[...] Os congressistas também têm a obrigação de controlar os atos do presidente da República e fiscalizar as ações do Executivo. A Constituição estabelece ainda que somente a Câmara tem poderes para autorizar a instauração de processo contra o presidente e o vice-presidente da República. Compete ainda aos deputados federais eleger os integrantes do Conselho da República, órgão superior de consulta do presidente.

Os parlamentares podem convocar ministros de Estado para prestar informações, assim como para julgar as concessões de emissoras de rádio e televisão e a renovação desses contratos.

[...] Entre as prerrogativas do cargo de parlamentar, consta o direito de não ser preso, a não ser em flagrante de crime inafiançável. Deputados e senadores também são invioláveis por suas opiniões, palavras e votos, conforme a Constituição. Da mesma forma, não são obrigados a testemunhar sobre informações recebidas ou prestadas em razão do mandato, nem sobre as pessoas que lhes passaram tais dados.

Além disso, os parlamentares têm foro privilegiado (imunidade parlamentar) e os processos contra eles só podem ser julgados no Supremo Tribunal Federal (STF). A intenção dos constituintes ao conferir esses direitos aos integrantes do Legislativo foi assegurar a liberdade no exercício do mandato.

[...] O parlamentar não pode ser proprietário, controlador ou diretor de empresa que tenha contrato com pessoa jurídica de direito público. A violação desse princípio pode acarretar a perda do mandato.

Ainda pode perder a vaga na Câmara o deputado que faltar, sem justificativa, a 1/3 das sessões ordinárias de cada sessão legislativa ou sofrer condenação criminal em sentença transitada em julgado. O cidadão pode consultar no portal da Casa informações, como a presença em plenário, sobre os parlamentares.

O Código de Ética e Decoro Parlamentar da Câmara estabelece

uma série de outras condutas passíveis de levar à perda do cargo. Receber vantagens indevidas em função da atividade, atrapalhar o andamento do trabalho legislativo ou fraudar resultado de votações estão entre elas.

No que tange ao compromisso dos Senadores, segundo o site desta Casa Legislativa, o Senado, por representar os entes federativos (estados), possui funções legislativas de caráter genérico e que em muitas oportunidades são compartilhadas com a Câmara dos Deputados, outras, são de sua exclusiva competência, como as descritas no Art. 52 da Constituição Federal que são:

Processar e julgar: Presidente da República, Vice Presidente, Ministros do Supremo Tribunal Federal,

Membros do Conselho de Justiça e do Conselho Nacional do Ministério Público, Procurador-Geral da República, Advogado-Geral da União e, nos crimes conexos ao Presidente e Vice, Ministros de estado, Comandantes da Forças Armadas;

Escolher: Ministros do Tribunal de Contas indicados pelo Presidente da República, Presidente e Diretores do Banco Central do Brasil, Procurador-Geral da República, Chefes de Missão Diplomática e outros cargos que a lei determinar;

Autorizar operações externas de natureza financeira, de interesse da União, dos Estados, do Distrito Federal, dos Territórios e dos Municípios;

Fixar, por proposta do Presidente da República, limites globais para o montante da dívida consolidada da

União, dos Estados, do Distrito Federal e dos Municípios.

Como sou domiciliado no estado do Rio Grande do Sul, vou usar a Constituição deste ente federativo como legislação exemplificativa sobre as competências de um (a) Governador (a), a qual nos diz:

Das Atribuições do Governador

Art. 82. Compete ao Governador, privativamente:

I - nomear e exonerar os Secretários de Estado;

II - exercer, com o auxílio dos Secretários de Estado, a direção superior da administração estadual;

III - iniciar o processo legislativo, na forma e nos casos previstos nesta Constituição;

IV - sancionar projetos de lei aprovados pela Assembléia

Legislativa, promulgar e fazer
publicar as leis;

V - expedir decretos e regulamentos
para a fiel execução das leis;

VI - vetar, total ou parcialmente,
projetos de lei aprovados pela
Assembléia Legislativa;

VII - dispor sobre a organização e o
funcionamento da administração
estadual;

VIII - decretar e executar intervenção
em Município, nos casos e na forma
previstos na Constituição Federal e
nesta Constituição;

IX - expor, em mensagem que
remeterá à Assembléia Legislativa por
ocasião da abertura da sessão anual, a
situação do Estado e os planos do
Governo;

X - prestar, por escrito e no prazo de
trinta dias, as informações que a
Assembléia solicitar a respeito dos
serviços a cargo do Poder Executivo;

XI - enviar à Assembléia Legislativa
os projetos de lei do plano plurianual,

de diretrizes orçamentárias e dos orçamentos anuais, previstos nesta Constituição;

XII - prestar à Assembléia Legislativa, até 15 de abril de cada ano, as contas referentes ao exercício anterior e apresentar-lhe o relatório de atividades do Poder Executivo, em sessão pública;

[...]

XIII - exercer o comando supremo da Brigada Militar e do Corpo de Bombeiros Militar, prover-lhe os postos e nomear os oficiais superiores para as respectivas funções; (Redação dada pela Emenda Constitucional n.º 67, de 17/06/14)

XIV - nomear o Procurador-Geral do Estado, o Procurador-Geral de Justiça e o Defensor Público-Geral do Estado, na forma prevista nesta Constituição; (Redação dada pela Emenda Constitucional n.º 50, de 24/08/05)

XV - atribuir caráter jurídico-normativo a pareceres da Procuradoria-Geral do Estado, que serão cogentes para a administração pública;

XVI - nomear magistrados, nos casos previstos na Constituição Federal e nesta Constituição;

XVII - nomear os Conselheiros do Tribunal de Contas, observado o disposto no art. 74;

XVIII - prover os cargos do Poder Executivo, na forma da lei;

XIX - conferir condecorações e distinções honoríficas;

XX - contrair empréstimos e realizar operações de crédito, mediante prévia autorização da Assembléia Legislativa;

XXI - celebrar convênios com a União, o Distrito Federal, com outros Estados e com Municípios para a execução de obras e serviços;

XXII - exercer outras atribuições previstas nesta Constituição.

Quanto aos (as) Deputados (as) Estaduais, o site Politize faz um importante recorte sobre o tema ao expor o seguinte:

> [...] Como representante do povo daquele estado na Assembléia Legislativa, a principal função do deputado estadual é legislar. Cabe a ele propor, emendar ou alterar os projetos de lei que representem os interesses da população, desde que eles não entrem em conflito com as normas federais ou municipais.
>
> Os projetos de lei que tramitam na casa passam por duas instâncias: primeiro são discutidas nas comissões permanentes e só depois elas são enviadas para debate e possível aprovação no Plenário.
>
> Os projetos passam ainda por uma Comissão de Constituição e Justiça [...].

A princípio, cabe aos deputados estaduais legislar sobre tudo que não é atribuição da União ou dos municípios. Eles podem, por exemplo, criar tributos estaduais, instituir regiões metropolitanas, aprovar leis sobre o funcionamento de instituições estaduais como a Polícia Civil ou o Ministério Público, entre outros.

[...] o deputado estadual pode fazer uma série de outras coisas que são:

Fiscalizar e investigar o Poder Executivo

[...] Para garantir a boa administração do estado, a Assembléia Legislativa tem também o poder de criar Comissões Parlamentares de Inquérito (CPI), para investigar possíveis ilícitos na administração, além de receber denúncias e encaminhar processos em caso de crime de responsabilidade cometido pelo governador do estado.

Elaborar o orçamento do estado [...]

[...] Na Assembléia, os deputados discutem a proposta durante várias sessões parlamentares. Posteriormente, ela segue para uma Comissão de Finanças e, após análise desta comissão, o projeto segue para ser votado no Plenário.

[...] A elaboração do orçamento do **estado deve contar com ampla participação popular**. Por isso, o governo estadual deve promover audiências públicas em todas as regiões do estado para possibilitar a participação da população durante esse importante processo. (**meu grifo**)

[...] Outra responsabilidade dos deputados estaduais é cuidar da administração do seu espaço de trabalho, que é a Assembléia Legislativa. Para isso, eles podem dispor sobre seu regimento interno, sobre a polícia da Casa e sobre outros serviços relativos ao funcionamento da assembléia.

O site do Tribunal Superior Eleitoral - TSE - nos apresenta as atribuições de um (a) Prefeito (a) Municipal de acordo com artigo 4º do Decreto-lei nº 201, de 27 de fevereiro de 1967. Elas são:

1) Desenvolver as funções sociais da cidade e garantir o bem estar dos seus habitantes;

2) Organizar os serviços públicos de interesse local;

3) Proteger o patrimônio histórico-cultural do município

4) Garantir o transporte público e a organização do trânsito;

5) Atender à comunidade, ouvindo suas reivindicações e anseios;

6) Pavimentar ruas, preservar e construir espaços públicos, como praças e parques;

7) Promover o desenvolvimento urbano e o ordenamento territorial;

8) Buscar convênios, benefícios e auxílios para o município que representa;

9) Apresentar projetos de lei à câmara municipal, além de sancionar ou vetar;

10) Intermediar politicamente com outras esferas do poder, sempre com intuito de beneficiar a população local;

11) Zelar pelo meio ambiente, pela limpeza da cidade e pelo saneamento básico;

12) Implementar e manter, em boas condições de funcionamento, postos de saúde, escolas e creches municipais, além de assumir o transporte escolar das crianças;

13) Arrecadar, administrar e aplicar os impostos municipais da melhor forma;

14) Planejar, comandar, coordenar e controlar, entre outras atividades relacionadas ao cargo.

Também em consulta ao site do Superior Tribunal Eleitoral, o TSE, eu pude colher o seguinte sobre a atribuição de um vereador:

> A Constituição Federal e as leis orgânicas municipais estabelecem tudo o que o vereador pode e não pode fazer durante o mandato. Para acompanhar se os vereadores estão cumprindo bem seus deveres perante a população, os eleitores podem ir às sessões legislativas ou mesmo conversar com os vereadores em seus gabinetes. Caso o eleitor descubra alguma irregularidade, é possível fazer uma denúncia ao Ministério Público.

Após esta análise sobre a funcionalidade de cada indivíduo eleito, o que posso salientar é que a nossa legislação representa com excelência todos os nossos anseios de cidadãos porque há em todas as esferas de poder o comando para que este ser escolhido pelo povo use com rigor o princípio da legalidade, o que também vai ao encontro com a teoria do mínimo ético que nos diz: *tudo o que é direito é moral, mas nem tudo o que é moral é direito*, ou seja, o legislador (o deputado federal e o estadual, o senador e o vereador) e o executor (presidente da república, governador e o prefeito) precisam caminhar por uma estrada idônea e ética, num lugar onde o bom senso deve vir atrelado com o que estiver na letra fria da *legis*.

Este tipo de informação sobre as funções legislativas e executivas que os políticos exercem (pelo menos em tese em algumas situações) deve ser divulgado em ampla escala para que a população tenha a ciência e a consciência de todos os detalhes laborais dessas pessoas que possuem esta legitimidade de atuação da qual nós é que a oferecemos através do voto (é sempre importante frisar esta questão para que eles se lembrem da nossa importância).

3. O ELEITOR E A LEGISLAÇÃO ELEITORAL

O ponto nevrálgico da questão é: servimos apenas para votar ou somos infinitamente mais importantes? Acredito que não seja apenas uma impressão errônea da minha parte, mas, minha cara eleitora e meu caro eleitor, é que me parece bem nítido o fato de que os nossos representantes, no tempo findo de seus mandatos ou no começo de suas campanhas para quem está começando a vida política, são indivíduos mais acessíveis e bem mais produtivos em comparação com o lapso temporal entendido como o meio deste tempo citado. Aliás, esta sedução recorrente tem surtido efeito já que o número de reeleições é enorme. Assim como existe o político de estimação, também há o eleitor de estimação. O que mais tenho observado ultimamente é a pessoa ser fã do agente político em vez de ser um vigilante atento sobre o que realiza esta pessoa incumbida de ser o (a) nosso (a) procurador (a) para tudo o que a lei nos amparar.

Para aquele olhar menos prevenido, sugere-se erroneamente que o poder de tudo o que há no nosso domínio territorial está nas mãos dos políticos, mas com certeza esta parecença é extremamente errada já que o protagonista desta história é e sempre será o cidadão de cada canto deste país arrasado pela corrupção e pelo constante abalo sísmico da desigualdade social. Tamanha resolução tem de ser em conformidade com a consciência de cada eleitor porque este cidadão devidamente amparado pela legislação brasileira é que de fato tem as rédeas da situação com o ato de sua escolha de cunho independente. No Brasil, nós temos os poderes: Executivo, Legislativo e o Judiciário. Nos dois primeiros, quem os elege por via direta são os eleitores.

Então, a lógica mais cristalina dos fatos nos indica com a certeza de que nós (os representados) somos a parte principal desta conjectura porque a decisão será de acordo com a vontade da maioria dos votos.

Como prova da segurança do nosso exercício legítimo de voto, a legislação eleitoral brasileira, através da lei nº 4.737 de 15 de julho de 1965 (e suas respectivas emendas posteriores) nos apresenta alguns dispositivos que entendo ser bem conexos a esta obra que passo citar a partir de agora:

PARTE QUINTA
Disposições Várias

Titulo I
Das Garantias Eleitorais
Artigo 234. Ninguém poderá impedir ou embaraçar o exercício do sufrágio.

Art. 237. A interferência do poder econômico e o desvio ou abuso do poder de autoridade, em desfavor da liberdade do voto, serão coibidos e punidos.

§ 1º O eleitor é parte legítima para denunciar os culpados e promover-lhes a responsabilidade, e a nenhum servidor público. Inclusive de autarquia, de entidade paraestatal e de sociedade de economia mista, será lícito negar ou retardar ato de ofício tendente a esse fim.

§ 2º Qualquer eleitor ou partido político poderá se dirigir ao Corregedor Geral ou Regional, relatando fatos e indicando provas, e pedir abertura de investigação para apurar uso indevido do poder econômico, desvio ou abuso do poder de autoridade, em benefício de candidato ou de partido político.

TÍTULO IV

Disposições Penais

CAPÍTULO II

Dos crimes Eleitorais

Art. 295. Reter título eleitoral contra a vontade do eleitor:

Pena - Detenção até dois meses ou pagamento de 30 a 60 dias-multa.

Art. 297. Impedir ou embaraçar o exercício do sufrágio:

Pena - Detenção até seis meses e pagamento de 60 a 100 dias-multa.

Art. 299. Dar, oferecer, prometer, solicitar ou receber, para si ou para outrem, dinheiro, dádiva, ou qualquer outra vantagem, para obter ou dar voto e para conseguir ou prometer abstenção, ainda que a oferta não seja aceita:

Pena - reclusão até quatro anos e pagamento de cinco a quinze dias-multa.

Art. 301. Usar de violência ou grave ameaça para coagir alguém a votar, ou não votar, em determinado candidato ou partido, ainda que os fins visados não sejam conseguidos:

Pena - reclusão até quatro anos e pagamento de cinco a quinze dias-multa.

Art. 302. Promover, no dia da eleição, com o fim de impedir, embaraçar ou fraudar o exercício do voto a concentração de eleitores, sob qualquer forma, inclusive o fornecimento gratuito de alimento e transporte coletivo: (Redação dada pelo Decreto-Lei nº 1.064, de 24.10.1969)

Pena - reclusão de quatro (4) a seis (6) anos e pagamento de 200 a

300 dias-multa.   (Redação dada
pelo Decreto-Lei nº 1.064, de
24.10.1969)

Todos os esforços realizados em nome do pleno exercício da democracia devem ser realizados. Caso haja alguma violação desses direitos basilares, as sanções devem ser imediatamente aplicadas tal qual a legislação expõe de forma bem cristalina na redação retro citada, por exemplo. Em hipótese alguma o eleitor deve se sentir coagido a fazer ou deixar de fazer algo. Confesso que ao analisar esta parte do Código Eleitoral me vem de imediato a situação do voto "de cabresto" que tanto conspurcou as eleições ao decorrer de muitas épocas no Brasil. No site Info Escola pude encontrar um texto interessante sobre o tema que reproduzo neste instante:

[...] O que ficou conhecido como voto de cabresto ocorreu em todo território nacional. Mas é notado principalmente nas pequenas províncias onde verdadeiros Coronéis, proprietários de terras e, portanto os patrões de parte considerável da população local orquestravam as decisões políticas através da pressão e da coação do voto de seus empregados. Seus currais eleitorais eram espaços de mando e desmando, onde a decisão dos Coronéis locais determinavam a ação da população local.

Desde o Império a fraude eleitoral sempre foi prática recorrente no Brasil, mas foi no momento da Primeira República que a ação fraudulenta teve seu auge. Naquele momento o voto dos analfabetos era proibido, porém como uma das práticas de fraude os Coronéis entregavam escritos em um papel o nome do candidato aos seus empregados que depositariam na urna. O transporte aos locais de votação também eram garantidos por esses coronéis que mantinham seus interesses em pauta mexendo as peças do tabuleiro político como bem lhes apeteciam [...] (**meu grifo**)

Quando me deparo com essa narrativa, logo o meu raciocínio acelera para refletir sobre o quanto que estes tais "coronéis" tiveram que se reinventar para manterem por longos períodos os seus legados de desmandos. Obviamente que o tempo passou e os personagens dessas maracutáias são outros, mas será que as artimanhas não são as mesmas? Pelo tanto de corrupção que ainda persiste nesse país, acredito que o *modus operandi* desses meliantes não deve ter mudado muito. Entretanto, não devemos dar oportunidade para esses aproveitadores da boa vontade alheia porque já demonstraram por A+B que não são capazes de se regenerarem ou até mesmo tentarem outra vida que não seja a improbidade.

A Declaração Universal dos Direitos Humanos, adotada e proclamada pela Assembléia Geral das Nações Unidas (resolução 217 A III) em 10 de dezembro 1948 também dispõe em seu texto sobre a importância do sufrágio para construção de uma sociedade que deseja ter uma base democrática sólida em seu território. É por isso que assento ao texto alguns trechos que entendo ser essenciais para esta obra que são:

Artigo 21

1. Todo ser humano tem o direito de tomar parte no governo de seu país diretamente ou por intermédio de representantes livremente escolhidos.
3. A vontade do povo será a base da autoridade do governo; essa vontade será expressa em eleições periódicas e legítimas, por sufrágio universal, por voto secreto ou processo equivalente

que **assegure a liberdade de voto**.

Artigo 29

1. **Todo ser humano tem deveres para com a comunidade**, na qual o livre e pleno desenvolvimento de sua personalidade é possível. 2. No exercício de seus direitos e liberdades, **todo ser humano estará sujeito apenas às limitações determinadas pela lei**, exclusivamente com o fim de assegurar o devido reconhecimento e respeito dos direitos e liberdades de outrem e de satisfazer as justas exigências da moral, da ordem pública e do bem-estar de uma sociedade democrática.

3. Esses direitos e liberdades não podem, em hipótese alguma, ser exercidos contrariamente aos objetivos e princípios das Nações Unidas. (**meu grifo**)

Este documento muito emblemático para a reconstrução do mundo após a II Guerra Mundial apresentou com muita clareza a importância de agirmos democraticamente e sem que haja um agente opressor que faça valer mais a sua vontade do que a consciência do povo (principalmente no que diz respeito às demandas essenciais). Uma lição que pelo menos na letra fria da lei foi assimilada pelo legislador já que estas palavras estão refletidas na Constituição Federal do Brasil e nas outras leis abaixo dela como o citado Código Eleitoral, por exemplo.

O que precisa ficar bem evidenciado nessa obra e no cotidiano de todos os cidadãos é o fato de que temos sim um amparo legal para exercermos o nosso direito de votar. Essa garantia tem de prevalecer sobre qualquer ação que venha a ferir esta prerrogativa que é sagrada dentro de um território compreendido como um estado democrático de direito. Também é sempre oportuno deixar bem claro que aceitar qualquer condição ou benefício em troca do direito de aplicar a própria vontade também é um desrespeito consigo e com a coletividade. Assim como existe o político corrupto, também existe o eleitor corrompido. Infelizmente essa é uma verdade tupiniquim que não posso deixar escondida debaixo do tapete dessa vergonha tão corriqueira.

Quanto ao que se refere a uma legislação mais recente sobre o tema, acho pertinente citar a Emenda Constitucional nº 111 que trata de algumas inovações acerca do sistema eleitoral brasileiro. O site Politize nos apresenta uma importante análise a respeito desta emenda na Carta Magna quando aborda que houve neste dispositivo legal uma distribuição de recursos partidários de muito destaque que passo a reportar a partir de agora que é:

Para todas as eleições realizadas entre 2022 e 2030, candidaturas de mulheres e pessoas negras terão seus votos contados em dobro do ponto de vista do financiamento das campanhas. Isto significa que estes candidatos e candidatas terão maior possibilidade de serem beneficiados (as) pela distribuição, entre os partidos políticos, dos recursos do fundo partidário e do Fundo Especial de Financiamento de Campanha (FEFC).

EMENDA CONSTITUCIONAL Nº 111, DE 28 DE SETEMBRO DE 2021

Art. 2º Para fins de distribuição entre os partidos políticos dos recursos do fundo partidário e do Fundo Especial de Financiamento de Campanha (FEFC), os votos dados a candidatas mulheres ou a candidatos negros para a Câmara dos Deputados nas eleições realizadas de 2022 a 2030 serão contados em dobro.

Entendo que esta norma seja um avanço muito significativo para combatermos dois problemas enormes que são: o racismo estrutural e a desigualdade de gênero. É evidente que estamos muito distantes do que podemos minimante conceituar como ideal, mas esta atitude do legislador já pode ser considerada como um progresso bem expressivo para a nossa sociedade carregada de vícios provincianos.

4. O MANDATO E AS COBRANÇAS

O cidadão consciente de seus deveres e de seus direitos tem de compreender que há um abismo enorme entre o que foi prometido em campanha e o que é feito durante o mandato. Neste caso, não tenho dúvida em afirmar que são duas realidades bem antagônicas já que o representante eleito ou ainda em campanha eleitoral, obviamente na condição de candidato, se depara com as seguintes problemáticas (dramatizadas neste caso na primeira pessoa):

1. *O que prometi está além das minhas possibilidades porque não vai existir tempo e nem conveniência suficientes para tanto.* Esta talvez seja a hipotética mais corriqueira que deve perambular pela mente do administrador público.

2. *As exigências dos meus aliados são primazias na minha agenda de governo ou vou ter que*

readequá-las o máximo possível para que eles não sintam tanto o impacto da imposição da minha vontade? Este impasse certamente Nicolau Maquiavel [(1469 – 1527) Foi um dos principais autores de sua época, o Renascentismo, que consiste em um intermédio entre a Idade Média e a Modernidade. Defensor do absolutismo e de ações duras e austeras por parte de um governante quando necessário, Maquiavel foi injustiçado ao entrar para a história como o patrono da expressão "maquiavélico", utilizada para designar alguém capaz de tudo pelo poder. Para Maquiavel, a conservação do poder nas mãos de um bom governante, mesmo que em situações de maior controle, é condição necessária para a conservação da ordem política. Fonte: Mundo Educação da UOL] já pôde constatar em sua época e posso afirmar que em nada mudou desde então.

3. *Domar o ego impulsionado pelo poder é um laboro que vai me tomar muito tempo.* Quem nunca ouviu esta frase do grande Maquiavel: "dê poder a um homem e verás quem ele é!" Além dos fatores intrínsecos, imagine o quanto que deve

ser complexo lidar diariamente com um bando de bajuladores que tentarão a todo custo inflar ainda mais o ego daquele agente político.

4. *Escolhas sobre prioridades irão me tornar amigo de muitos e inimigo de alguns*. Esta é uma manobra clássica já que o agrado é uma moeda caríssima que sempre estará em disputa entre vários concorrentes. Saber administrar esse jogo é um método que Sun Tzu [(morte 496 a.C) foi um general, estrategista e filósofo chinês e principal nome relacionado a escola militar de filosofia chinesa. Ele é mais conhecido por seu tratado militar, A Arte da Guerra, composto por 13 capítulos de estratégias militares. Fonte: Wikipédia] em sua obra-prima intitulada "A Arte da Guerra" já nos expôs com maestria sobre o tema e fica aqui a minha dica de leitura para aqueles que ainda não tiveram o prazer de conhecer esse baluarte da literatura mundial.

5. *Qual a estratégia mais certeira para que eu obtenha a minha reeleição?* Um questionamento

que certamente já habita o consciente do administrador desde o primeiro ano do seu mandato, o que pode prejudicar seriamente cada ato de governo já que tais meios antecipatórios certamente atrapalharão os fins.

6. *Agora que estou eleito (ou reeleito), quem é que vai seguir comigo e qual o critério que devo adotar para compor novas alianças?* A formação de uma equipe de trabalho, em tese, deve ser pautada pelo critério técnico, onde cada cargo deve ter uma pessoa que consiga cumprir com toda a funcionalidade exigida em lei. Todavia, sabemos que a realidade dos fatos nos leva diretamente para a inquebrantável regra da conveniência já que ela é a peça-chave que irá determinar qualquer escolha, seja por uma deliberação individual ou por entendimento formado por um colegiado de líderes.

7. *Nas mãos de quem eu deixo a incumbência de gerir tudo o que for relacionado com o marketing da próxima campanha?* Numa época em que as redes sociais são fatores primordiais para a construção de narrativas de campanha, o que importa é ter um quadro qualificado de pessoas que podem montar inúmeras histórias onde o candidato será sempre o herói esperado por toda a população.

8. *O que devo requentar como pauta de palanque? O que preciso renovar para conquistar novos públicos? O que deve esquecido? O que deve ser maquiado?* Uma tarefa hercúlea para todo o agente político é o nada confortável hábito de ter que driblar fatos inconvenientes que sempre voltam à tona ou simplesmente eles se apresentam na mídia como o assunto do momento, para a infelicidade de quem tem que esclarecer a suposta bobagem que fez.

9. *A oposição. Como achar o ponto fraco deles? Como responder ou criar narrativas confusas para perguntas capciosas?* Além dos problemas internos que todo o partido possui, o político tem que saber lidar com os joguinhos promovidos pelos adversários. Alguns usam a tática do vitimismo, outros utilizam a do contragolpe na mesma intensidade. Em situações muito raras de se testemunhar, ocorre a indiferença de quem recebe a ofensiva.

10. *A minha imagem tem que melhorar em qual aspecto? O que deve ser conservado?* Mais uma vez, a influência midiática é fundamental neste quesito onde muitos eleitores, erroneamente, se baseiam na imagem física do (a) candidato (a) para chegarem a um veredicto sobre quem eles vão votar.

11. *Segundo as pesquisas, eu não tenho nenhuma chance de conseguir me eleger. Parto para uma*

campanha mais agressiva ou deixo como está para que a minha imagem não se arranhe para as próximas eleições? O velho problema sobre como se comportar diante de uma situação adversa sempre reaparece para testar o egocentrismo do indivíduo candidato. Existem momentos que é praticamente impossível frear o ímpeto agressivo, até mesmo diante de um cenário totalmente desfavorável.

12. O que posso considerar como um legado advindo do meu mandato? Esse questionamento deveria ser uma práxis de quem possui o poder da caneta nas mãos, mas, excepcionalmente, esta reflexão se restringe a uma minoria ainda consciente dos seus atos.

Assim exposto, eu finalizo em 12 questões esta ponderação inerente ao universo particular de cada agente político, seja do legislativo, seja do executivo. Sendo que todas essas problemáticas foram criadas em cima do que há no cotidiano da política brasileira porque ainda estamos muito distantes de um contexto satisfatório onde os nossos representantes consigam eliminar pelo menos em parte as suas fraquezas. Escândalos, discussões fúteis e outras tantas lambanças são motivos de uma enxurrada de manchetes nos jornais matutinos e vespertinos por todos os cantos do país. Não existe sequer um dia de paz, isso eu posso garantir porque já tenho quase meio século de vida e o clima nunca ficou plausível por completo para nós, o povo sofrido de sempre.

5. A BALIZA DA IDEOLOGIA

Os começos, os meios e os fins importam. É com esta frase perfeita do ponto de vista antropológico da questão que abro esta parte da obra que possui o escopo fundamental que é o de provocar o leitor com a seguinte interrogação crucial: a razão ideológica de algo ou de alguém deve ser superior aos direitos basilares das pessoas ou os direitos básicos destes devem ser pontos comuns onde o bom senso deve prevalecer independentemente de qualquer critério fundamentado por um pensamento extremista? Tal questionamento deve ser levantado de maneira urgente para que possamos trazer à baila uma discussão que se transforma facilmente em essencial a partir do momento que implica com a nossa sobrevivência neste Planeta cada vez mais hostil em todos os sentidos que possamos estudar.

Perguntas e respostas, ambas bem fundamentadas, devem dar consistência a uma direção em que nos resguarde o sagrado do viver dignamente. Afinal, somos ou não somos uma espécie que se destaca por ter racionalidade? Esta é outra indagação que infelizmente deve ser feita tendo em vista as aberrações cotidianas que são atualizadas em segundos em nossa realidade tupiniquim. A sina existencialista de nos reinventarmos para melhor sempre que pudermos deve seguir a sua jornada de persistência nos corações que compreendem o que há ao redor, só que tal interpretação de reinvenção deve se ajustar a uma conduta de compaixão e não de exclusão como temos presenciado nas últimas décadas. É necessário que repensemos tudo, desde o lema da bandeira que deve incluir a palavra amor tal qual pregava Auguste Comte [mais uma vez volto a citar a fórmula do filósofo francês que é: o amor por princípio e ordem por base; o progresso por fim] até a nossa intensidade/capacidade de nós importarmos com o nosso semelhante. Está mais do evidente que o pensamento voltado para a coletividade só tende a produzir bons frutos. Essa verdade é muito antiga, mas pouco praticada em face de uma atmosfera egocêntrica que sempre ousa em nos sufocar com muitas maldades em série. Para que este texto não descambe para uma atmosfera pessimista, cito o magnífico exemplo do padre Júlio Lancelotti [(1948) Pedagogo e presbítero católico brasileiro. Exerce a função de pároco da paróquia de São Miguel Arcanjo no bairro da Mooca, na cidade de São Paulo. Além da paróquia, o padre também é responsável pelas missas realizadas na capela da Universidade São Judas Tadeu, situada na mesma rua. Fonte:Wikipédia] que nos oferece gesto e conforto humanitário com as suas ações em prol dos mais necessitados das ruas da capital dos paulistas. Atos que devem ser espelhados por muitos governantes espalhados pelo nosso território nacional. É sempre admirável desvalorizar o ego e valorizar vidas, independente da ideologia, credo ou qualquer outro fator de intolerância programada que há na sociedade brasileira e mundial.

As feridas, os rancores, os males reprimidos e as outras tantas armadilhas mentais e corporais que rondam as nossas existências como cães ferozes prestes a atacarem devem ser tratados com a energia potente do positivismo para que finalmente nós possamos conseguir delinear algo extremamente adequado em prol deste maravilhoso povo brasileiro para que finalmente se estabeleça uma regra elementar de uma estabilidade conseqüente em todos os sentidos que esta palavra pode alcançar. A nossa sociedade precisa ser administrada por pessoas sadias, boas de coração como se fala no popularesco. Para tanto, este texto levanta questões urgentes que não podem mais serem deixadas de lado ou simplesmente escondidas por debaixo de um tapete de mediocridades. As verdades doloridas precisam ser encaradas e os sorrisos sinceros merecem as suas reestréias. A maneira como ajuizamos a nossa conduta é o modo como operamos de fato a nossa realidade porque *o pensamento é o ensaio da ação* como já nos disse o genial Sigmund Freud [(1856-1939) foi um médico e pesquisador austríaco que criou a Psicanálise, método utilizado para o tratamento de doenças mentais. Suas teorias modificaram a maneira de ver o ser humano e influenciaram a Medicina, a Educação, as Artes, tornando-o um grande ícone do século XX. Fonte: site Toda Matéria]. Assim é o processo e é dentro deste contexto intricado que a sociedade brasileira deve discutir uma maneira de sair desse lamaçal de imbecilidades que nos atinge mortalmente nestes tempos incertos que o Século XXI nos apresenta. É nesta *vibe* progressista que eu quero enviar o meu recado para algumas mentes abertas a novas possibilidades construtivas para que uma luz de inspiração possa chegar até eles com muitos sentimentos bons, com sabedoria, com equilíbrio e que tal claridade possa se perpetuar em nome de tudo o que há de mais sagrado para as nossas famílias que é o amor por tradição inquebrantável.

As ideologias existem e ajudam o ser humano a construir muitas pontes, mas, infelizmente, tendem também a montar muitos muros em decorrência dos extremismos que elas podem gerar nas mentes menos preparadas. O radicalismo é um ponto cego de qualquer história de amplitude reduzida ou de repercussão mundial porque é justamente quando ele é aplicado que a racionalidade se distancia de uma normalidade crível e tudo encaminha para uma perigosa obscuridade dos fatos. O equilíbrio de cada decisão deve ser um comportamento compreendido como uma ação estável para que a corda não arrebente de novo na mão do mais fraco, ou seja, do povo. Creio que os malfadados joguinhos de poder atrasam a vida até de quem patrocina esses desportos nocivos. Agora imaginem o tamanho do estrago que as inadimplências fazem na vida de um cidadão que não participa e nem faz parte desse meio caótico onde prevalece uma atmosfera pesada de concorrência indigesta pelo poder. É neste momento que chego ao cerne da questão que é a responsabilidade ampla que possui cada um de nossos governantes e cada um de nossos legisladores. Defender uma tese é um fato louvável para qualquer indivíduo desde que as mesmas apresentem níveis elevados de coerência, humanidade, fraternidade e legalidade. Um sistema de idéias deve ter alma e corpo em uma amplitude de contexto *lato sensu*, ou seja, sem que haja a permissão de recortes em nome de algo que certamente não terá uma justificativa plausível para quem, eleito democraticamente, representa a coletividade. Não é nada correto a pessoa propagar algo nos púlpitos e agir de maneira antagônica nos bastidores porque um dia a verdade emerge e tudo o que foi plantado será colhido com a mesma intensidade do cultivo. Em outras palavras, trata-se da aplicação da famosa e universal Lei do Retorno [Compreende-se como a ideia de que cada ação que fazemos gera uma reviravolta a nós mesmos. Em suma, se acredita que existe um mecanismo compensatório para equilibrar nossas ações em sociedade e no universo. Se somos pessoas boas, teremos coisas boas, mas o contrário também é válido. Fonte: Site Psicanálise Clínica].

Tanto eleitor, quanto o candidato ou agente político já eleito precisam entender que, acima da baliza de qualquer ideologia, está o patamar da dignidade humana. Fundamento este que deveria ser cartilha obrigatória para todos os agentes públicos e para os cidadãos que querem saber de fato como agem os seus representados. Entretanto, a cena sempre se repete e ela é assim: Governo Ю sai do poder e Governo Я chega com uma idéia totalmente contrária (detalhe: usei exemplos com letras cirílicas para que ninguém possa associar este exemplo com nenhuma corrente ideológica porque essa obra não tem nenhuma intenção de ser parcial com nenhuma corrente partidária ou com algum político de estimação em apartado). Até este ponto do roteiro, tudo caminha em conformidade com o que a maioria dos eleitores decidiu nas urnas. O problema é que o administrador novo quer mudar o que está dando certo porque na sua gestão tudo tem de ser de acordo com a sua maneira e nada pode "lembrar" o seu antecessor (isso é comum até nos casos em que a sucessão ocorre dentro de um mesmo partido), o que acaba deixando qualquer ambiente (interno e externo, de qualquer esfera governamental) conturbado e inseguro. Assim sendo, exponho a minha opinião de que o limite ideológico deve ser sempre o bom senso, por mais que a vaidade consiga ser uma adversária persistente nessas horas. Eu também compreendo que domar o egoísmo feroz embutido em cada decisão é uma tarefa das mais difíceis para a nossa espécie, mas é um exercício que deve ser feito em nome do que importa: o povo. Afinal, o acessório (ego) segue sempre o principal (interesse da coletividade) e nunca o contrário porque essa é uma lei natural que nunca deve ser modificada. Seria tão simples e eficaz se o entendimento de uma gestão fosse: mudar o que não está funcionando e melhorar o que está sendo eficiente. Todo o cidadão (neste caso no sentido mais genérico possível) merece no mínimo esta lógica de raciocínio por parte de seus representantes escolhidos democraticamente e legitimamente por uma maioria de eleitores.

Para embasar ainda mais a minha tese sobre o que deve ficar acima de qualquer argumento ideológico atrelado aos partidos políticos eu cito na íntegra o artigo 3º da Constituição Federal que é:

> Art. 3º Constituem **objetivos fundamentais** da República Federativa do Brasil:
>
> I - **construir uma sociedade livre, justa e solidária**;
>
> II - garantir o desenvolvimento nacional;
>
> III - **erradicar a pobreza** e a marginalização e reduzir as desigualdades sociais e regionais;
>
> IV - promover o bem de todos, **sem preconceitos** de origem, raça, sexo, cor, idade e quaisquer outras formas de discriminação. (**meu grifo**)

Observem que em nenhum momento o legislador estipula que tais objetivos estejam condicionados a algum sistema de idéias específico. Isso, dentro da minha ótica cidadã, tem o sentido muito clarificado sobre a amplitude incalculável da sua intenção que é a abarcar de maneira universal todos os elementos que constituem os pilares do nosso bem viver propriamente dito, independentemente de qualquer lado da corda que o jogo político estiver pendendo naquele momento. Parece ser algo bem simples de entender esse processo que é inerente o estado democrático de direito, mas, excepcionalmente, existem determinadas mentes distorcidas tendem a promover a confusão ambiental de que: *nada do que houve antes da minha interferência era satisfatório e o que virá depois do meu mandato será terra arrasada se eu não me perpetuar de alguma maneira neste posto que parece que foi feito exclusivamente para o meu comando.* O poder até pode ser crido como um jogo para algumas cabeças que ousam em brincar com a nossa inteligência, mas ele só será entendido de fato como tal se as regras forem respeitadas por todos os jogadores. Ideologia boa é aquela que respeita a humanidade envolvida e não aquela que serve de escudo para devaneios em nome de uma vanglória sem limites. É sempre adequado lembramos o quanto que a soberba pode estragar uma pessoa, um país e até o mundo inteiro. Esopo [(620 a.C. - 564 a.C.) foi um fabulista e contador de histórias grego que viveu por volta do século VI a.C. São a ele atribuídas uma série de fábulas que são popularmente conhecidas como Fábulas de Esopo. É característica marcante de seus contos a capacidade dos animais de falarem e agirem com características semelhantes à dos humanos, além da conclusão sempre dotada de um sentido e de um ensinamento moral. Fonte: site Info Escola] nos ensina que *o orgulho e a arrogância são o caminho mais curto para a ruína e o infortúnio*. Na Bíblia, mais precisamente em Provérbios 16:18, temos que: *A arrogância antecede a ruína e o orgulho antecede a queda.*

6. PESQUISAS ELEITORAIS

Em um ambiente democrático, todas as informações protegidas pelo bom senso devem ser avaliadas para que se forme um critério bem embasado no momento em que exercemos o nosso direito de voto. Devemos ter a consciência de que a nossa vontade não pode ser violada de maneira alguma, ou seja, a nossa vontade é uma dádiva sagrada que não pode e não deve ser atentada em qualquer momento. É correto afirmamos que os conhecimentos exteriores nos valem para a confecção de uma opinião embasada em discernimentos realísticos, mas é importante também termos em mente que a filtragem e o veredicto dessas informações devem partir exclusivamente de um juízo advindo da própria consciência do eleitor. A Constituição Federal nos ampara nesse sentido quando apresenta em seu artigo 5º, inciso II, o seguinte:

<blockquote>

II – Ninguém será obrigado a fazer ou deixar de fazer alguma coisa senão em virtude de lei;

</blockquote>

É partir desse resguardo legal que chego até o foco deste tópico que são as pesquisas eleitorais. Antes de tudo, deixo bem claro que tenho a plena convicção de que elas são sim fundamentais para a correta funcionalidade da democracia. Todavia, estes dados não podem ser os únicos discernimentos adotados para que cheguemos a uma conclusão sobre em quem que nós vamos votar. A convicção sobre um assunto tão relevante não pode ser restrita a apenas estas informações. A reflexão neste caso deve ser direcionada para o seguinte foco: além dos números apresentados, o que mais o (a) candidato (a) fulano (a) de tal tem a me apresentar como agenda séria de gerência executiva ou de legislatório?

Peço escusas de antemão a quem porventura achar ofensivo o que eu vou explanar, mas tenho muita relutância em aceitar a seguinte afirmativa: "cicrano está melhor do que beltrano nas pesquisas e é por isso que eu vou votar nele". É nesse ponto da questão que fico refletindo que não é possível que o indivíduo não consiga mais nenhum elemento relevante que possa proporcionar a ele mais conteúdo ponderado ao seu julgamento. As pesquisas nos ajudam a entender sobre o que está acontecendo com o nosso mundo ao redor, mas isso não implica em afirmar que esta opinião externa seja o único artifício que homologue esta deliberação tão significante para o país, para o ente da federação ou para o seu município.

Além desta consideração acerca dos métodos de escolha, eu deixo assentado a este texto o meu pedido para que se aprofundem nas observações sobre a real capacidade administrativa dos candidatos. Avaliem com muito rigor todos os pormenores. É crucial que conheçamos aquela pessoa que terá a nossa confiança depositada nas urnas e no cotidiano de um provável mandato. Esta ação austera de ponderação é com toda a certeza um emblemático serviço de cidadania que terá enorme probabilidade de acerto logo adiante porque só desta maneira teremos a ciência quase exata de que cumprimos com galhardia o nosso compromisso de cidadãos preparados para atuar em uma sociedade que tanto ambiciona a regularização da dignidade humana como a bandeira mais importante de uma nação.

Mais uma vez reitero que as pesquisas de cunho eleitoral são de grande serventia para o nosso conhecimento, mas torno a ratificar o meu humilde entendimento de que elas são estatísticas auxiliares e não o componente determinante da nossa convicção. Conhecer de fato cada candidato (a) é uma tarefa que exige algum tempo de apreciação, de paciência e, acima de tudo, de discernimento quanto a um ajuizamento bem fundamentado.

7. PAUTAS INADIÁVEIS PARA O BRASIL

A história se forma á partir da constante transformação do agora. Este momento em que o pensamento se constrói também é o instante apropriado para a realização de alguma atitude benéfica que pode ser útil para muitas pessoas. O personagem principal, por mais que muitos mal intencionados não queiram essa verdade, é o povo. Para que tenhamos voz e vez, o que existe de mais elementar é o instrumento pelo qual exercemos o direito de expressarmos a nossa vontade. O gesto para tanto: o voto. Entretanto, o lado mais complexo desta ação de interesse individual e coletivo é saber as reais intenções de cada candidato, ou seja, se ele vai conseguir de fato realizar boa parte do que prometeu em campanha. O certo mesmo nesta história é que os tais 100% são quase que impossíveis de acontecer. A política é uma ciência e nela estão contidos muitos experimentalismos sadios e outros nem tanto, mas o compromisso que precisamos manter é o de que a vigilância tem de ser permanente para que os tais representantes dos nossos interesses entendam que nada vai ficar por debaixo dos panos. O tempo de maracutáia tem de se findar em algum momento. Merecemos um momento mais favorável até para que possamos sonhar com um Brasil capaz de resolver os seus problemas. Assim sendo, assento a este texto algumas pautas que nenhum governante de qualquer esfera (municipal, estadual e federal) poderá deixar como segundo ou terceiro plano nas suas prioridades de campanha que são:

Desigualdade social

A realidade de um país assolado por tantas disparidades está diante dos olhos de quem quer ver. É desse modo bem prático que começo a desenvolver um texto sobre esta situação que ultrapassa todas as barreiras do bom senso. Não há como admitirmos ou abaixarmos as cabeças para estas tantas improbidades em série que nos maltratam diariamente com os seus péssimos exemplos de cidadania e de humanidade.

Segundo o site/Projeto Ponte Social, um quarto (¼) da população brasileira, 52,7 milhões de pessoas, vive em situação de pobreza ou extrema pobreza.

De acordo com uma pesquisa noticiada pelo site UOL, em 2019, o Brasil, no ranking dos países mais desiguais tem a seguinte colocação (já com os números em milhões de pessoas) que praticamente se equivale com os apresentados no parágrafo anterior:

1º. África do Sul - 63
2º. Namíbia - 59,1
3º. Zâmbia - 57,1

4º. República Centro-Africana - 56,2

5º. Lesoto - 54,

6º. 2 Moçambique - 54

7º. Brasil - 53,3

8º. Botsuana - 53,3

9º. Suazilândia - 51,5

10º.   Santa Lúcia - 51,2

11º.   Guiné Bissau - 50,7

12º.   Honduras - 50,5

13º.   Panamá - 49,9

14º.   Colômbia - 49,7

15º.   Congo - 48,9

16º.   Paraguai - 48,8

17º.   Costa Rica - 48,3

18º.   Guatemala - 48,3

19º.   Benin - 47,8

20º.   Cabo Verde - 47,2

Após a apresentação deste ranking, entendo que o direcionamento desta obra deve ser a busca pelos índices mais recorridos no mundo quando queremos entender o contexto de uma maneira mais ampla que são o PIB e o IDH de um país.

Quanto ao Produto Interno Bruto – PIB [é a soma de todos os bens e serviços finais produzidos por um país, estado ou cidade, geralmente em um ano. Fonte: site do IBGE] – segundo o site da CNN Brasil, os números atualizados em abril de 2022, o país terminou o ano de 2021 como a 13ª maior economia do mundo com US$1.608 trilhão (análise neste caso feita com valores em dólares).

No que tange ao índice de Desenvolvimento Humano – IDH [compara indicadores de países nos itens riqueza, alfabetização, educação, esperança de vida, natalidade e outros, com o intuito de avaliar o bem-estar de uma população, especialmente das crianças. Fonte: site da IPEA - Instituto de Pesquisa Econômica Aplicada] – temos o ranking apresentado pela Organização das Nações

Unidas – ONU [organização intergovernamental criada para promover a cooperação internacional. Fonte: Wikipédia] - em que o Brasil ocupa a vergonhosa colocação 89º entre 189 países analisados.

Esta obra poderia conter outras tantas pesquisas de âmbito mundial que comprovam o quanto está péssima a nossa situação, mas creio que estas que foram colhidas já sejam suficientes para termos uma noção atualizada do quanto que esta desigualdade é grave em todos os aspectos de suas facetas horrendas.

Devastação ambiental

O Brasil é um dos países com maior biodiversidade do mundo, mas esse dado, para muitos que usam a indiferença como filosofia de vida, é algo que não faz lá muito sentido. Todavia, os números relativos aos processos de destruição da natureza são de estarrecer qualquer cidadão consciente de suas responsabilidades. Conforme pesquisa realizada no site Agência Brasil, o Instituto Nacional de Pesquisas Espaciais (INPE), em novembro de 2021, divulgou que a taxa de desmatamento na Amazônia Legal Brasileira (ALB) ficou em 13.235 quilômetros quadrados (km²) no período de 1º agosto de 2020 a 31 de julho de 2021. O índice apurado pelo Projeto de Monitoramento do Desmatamento na Amazônia Legal por Satélite (Prodes) representa um aumento de 21,97% em relação à taxa de desmatamento do período anterior.

Para termos mais uma referência sobre a questão ambiental brasileira, temos que salientar também o que vem ocorrendo no centro-oeste brasileiro. De acordo com os dados da Semagro [Secretaria de Estado de Meio Ambiente, Desenvolvimento Econômico, Produção e Agricultura Familiar] do Mato

Grosso do Sul, foram 261.800 hectares de área queimada do Pantanal apenas no ano 2021.

Amazônia e Pantanal. Dois símbolos valiosíssimos da nossa terra que trago à baila para servir como exemplo já que estes dois monumentos da natureza estão sendo destruídos numa velocidade cada vez mais frenética e numa escala que se demonstra progressiva nas últimas décadas. Esta pauta, com toda a certeza, deve ser sempre uma das mais debatidas enquanto fase de campanha eleitoral para que durante o mandato as cobranças cheguem com o rigor esperado. Importante também salientar que os problemas relacionados com o meio ambiente vão muito além dos dois lugares citados e que os futuros governantes (seja em que esfera eles estiverem atuando) devem ser mais sérios na questão da preservação, do uso adequado e quanto a prevenção de danos iminentes.

Corrupção

Em conformidade com os dados apresentados no site da Instituição Transparência Internacional [um grupo de colaboradores e colaboradoras que trabalham no apoio e mobilização da sociedade civil, produção de conhecimento, conscientização e comprometimento de empresas e governos com as melhores práticas globais de transparência e integridade, entre outras atividades. Fonte: site da entidade Transparência Internacional], o nosso país apresenta o seguinte diagnóstico atualizado sobre corrupção:

> O desempenho ruim do Brasil no IPC [O Índice de Percepção da Corrupção é o principal indicador de corrupção do mundo. Produzido pela Transparência Internacional desde 1995, ele avalia 180 países e territórios e os atribui notas em uma escala entre 0 e 100. Quanto maior a nota, maior é a percepção de integridade do país] em 2021 o deixou

mais uma vez abaixo da média global, de 43 pontos. A nota alcançada no último ano foi a mesma registrada em 2020 e representa o terceiro pior resultado da série histórica.

Os dados do IPC mostram que o país está estagnado, sem ter feito avanços significativos para enfrentar o problema no período. Por outro lado, o desmonte institucional e a inação do governo no combate à corrupção podem levar a notas ainda piores nos próximos anos.

Dentro ainda da mesma análise realizada pelo órgão Transparência Internacional, o Brasil se encontra no posto de 96º de um total de 180 nações avaliadas. Números bizarros que com certeza me geram uma revolta sem tamanho já que a realidade do país ratifica esta investigação. Problema crônico este que não cessa nem por um momento. Pelo contrário, a sensação que me chega é a de que só evolui com o passar do tempo já que nenhuma providência drástica é tomada pelos nossos "representantes". O motivo dessa desídia é tão óbvio que nem vale meia palavra neste texto para explicar.

Segurança pública

Os altos índices de criminalidade que preenchem em demasia o noticiário das cidades de todos os cantos do país são evidências muito contundentes de que obviamente estamos bem longe de uma realidade aceitável. É aterrorizante observar a diversidade espantosa dos tipos de crimes que são praticados. A impressão que eu tenho é a de que o criminoso pensa assim: *então eles fizeram isso, pois eu vou fazer algo diferente e pior*. Para agravar, ainda existem mais elementos afrontosos nessa história que são originados por outras questões super danosas como: o narcotráfico, o comércio ilegal de armas, o ineficiente controle das fronteiras, o turismo sexual, o abuso sexual de crianças e adolescentes, a violência (física e psicológica) doméstica, os descomedimentos das autoridades, o analfabetismo funcional que nos leva a uma série de desastres burocráticos e afins e as precárias estruturas educacionais (principalmente quanto ao ensino fundamental) que não conseguem atingir o objetivo primordial que é o de formar cidadãos capazes de se transformarem em indivíduos que lutam com dignidade por dias melhores e por fazerem uma sociedade justa e solidária. Em verdade, esta comunidade escolar não possui a guarida de quem deveria lhe dar toda a sustentação para tanto.

Como notícia atualizada sobre o tema, achei pertinente assentar ao texto esta que foi exposta pelo Jornal do Comércio em 18 de maio de 2022 e que possui a manchete "Brasil tem maior número de mortes violentas no mundo, aponta estudo" e que tem no seu conteúdo o que segue:

O Brasil teve, no ano passado, o maior número de mortes violentas do mundo. Foram 70,2 mil mortos, o que equivale a mais de 12% do total de registros em todo o planeta. O alerta faz parte de um novo informe publicado nesta quinta-feira pela entidade Small Arms Survey, considerada como referência mundial para a questão de violência armada. Em termos absolutos, a entidade aponta que a situação no Brasil supera a violência na Índia, Síria, Nigéria e Venezuela.

Segundo Gergely Hideg, autor do estudo, o número inclui as estatísticas oficiais de homicídios - registradas pelos países - mas também as mortes violentas não intencionais e mortes em intervenções legais. "O número é superior ao que as autoridades afirmam", disse o pesquisador, cuja instituição é financiada pelo governo da Suíça e tem seus dados usados como base em programas da ONU.

A entidade estima que, em 2016, 560 mil pessoas foram mortas pelo mundo de forma violenta. Isso representa um assassinato a cada minuto. Sozinho, porém, o Brasil representa cerca de 12,5% dessas vítimas.

O tamanho da população certamente tem um impacto nesses números. Mas, por si só, não explica a dimensão da violência. De forma geral, Hideg aponta para três fatores que estariam levando ao cenário de mortes: a falta do estado de direito para uma parcela da população, a cultura da violência e o crime organizado. [...]

Devo confessar ao leitor que logo após a primeira leitura que fiz no *site* do retro citado jornal, me veio de pronto a percepção de que esta informação nos traz algumas estatísticas e impressões técnicas que realmente são de assustar qualquer pessoa de bem deste e de qualquer outro país que tenha acesso a ela. São reportagens desse naipe que devem ser mais debatidas em todos os círculos que respeitam a cidadania como única forma de viver civilizadamente e para que então cheguemos finalmente a um entendimento de que não é nada normal a sociedade brasileira ser maltratada dessa forma.

Altas taxas de tributação

Para entendemos melhor sobre tributos é necessário que haja uma conceituação sobre o tema. Para tanto, fui buscar na legislação brasileira o seu significado que está lavrado na lei nº 5.172, de 25 de outubro de 1966 que dispõe sobre o Sistema Tributário Nacional e institui normas gerais de direito tributário aplicáveis à União, Estados e Municípios, que nos explica em seu artigo 3º o seguinte:

> Art. 3º Tributo é toda prestação pecuniária compulsória, em moeda ou cujo valor nela se possa exprimir, que não constitua sanção de ato ilícito, instituída em lei e cobrada mediante atividade administrativa plenamente vinculada.

A partir desta informação podemos subentender que existe, pelo menos em tese, uma retenção de valores que futuramente será revertida em alguma benesse para a sociedade. No entanto, esta contrapartida implícita está sendo muito mal feita. Para comprovar essa percepção, eu realizei uma pesquisa onde encontrei uma reportagem no site Yahoo Notícias do dia 16 de outubro de 2021 que possui a seguinte informação:

> De acordo com pesquisa realizada pelo Instituto Brasileiro de Planejamento Tributário (IBPT), o Brasil está entre os 30 países que mais cobram impostos da sua população, mas ainda assim tem o menor índice de Retorno de Bem-Estar à Sociedade (Irbes). Isso significa que o país é o que menos transforma tributos em benefícios.
>
> Para chegar a esse resultado, a pesquisa levou em consideração o Produto Interno Bruto (PIB), que é a soma de todas as riquezas produzidas e o Índice de Desenvolvimento

Humano (IDH) dos países que constam na lista com as maiores cargas tributárias do mundo.

O relatório apontou também que os países com os maiores índices de retorno para a população não necessariamente são os que cobram impostos mais altos. Por exemplo, a Austrália é o país que apresenta o maior Retorno de Bem-Estar à Sociedade (Irbes) e ocupa o 26º lugar no ranking da arrecadação de impostos mais caros. Já o Brasil ocupa o 14º lugar no ranking, apesar de, como já foi dito, estar em último lugar no que diz respeito ao retorno e investimento desses impostos em serviços para a população.

Então, meus caros leitores, esses são dados bem detalhados e embasados que demonstram com bastante clareza sobre o quanto que o gestor público está falhando e sobre o quão urgente que é o acontecimento de uma mudança significativa nesse sistema vigente relativo à tributação e a sua respectiva transformação em benesses pontuais para a sociedade.

Níveis elevados de desemprego

O Instituto Brasileiro de Geografia e Estatística – mais conhecido por sua sigla IBGE – nos apresenta de maneira bem didática um importante conceito sobre o tema desemprego, o qual é um grande problema para a vida de muitos brasileiros, que é o seguinte:

> O desemprego, de forma simplificada, se refere às pessoas com idade para trabalhar (acima de 14 anos) que não estão trabalhando, mas estão disponíveis e tentam encontrar trabalho. Assim, para alguém ser considerado desempregado, não basta não possuir um emprego.

Veja alguns exemplos de pessoas que, embora não possuam um emprego, não podem ser consideradas desempregadas:

- um universitário que dedica seu tempo somente aos estudos
- uma dona de casa que não trabalha fora
- uma empreendedora que possui seu próprio negócio

De acordo com a metodologia usada pelo IBGE na Pesquisa Nacional por Amostra de Domicílios Contínua – PNAD Contínua, o estudante e a dona de casa são pessoas que estão fora da força de trabalho; já a empreendedora é considerada ocupada.

A PNAD Contínua é a nossa pesquisa que mostra quantos desempregados há no Brasil. Nela, o que é conhecido popularmente como "desemprego" aparece no conceito de "desocupação" [...]

Assim definida a opinião que no meu entendimento é a que mais se encaixa com esta matéria tão relevante para todos nós, convém então neste momento expor os números mais recentes do IBGE quanto a essa problemática que insiste em permanecer com índices elevadíssimos que são: 11,9 milhões de desempregados, o que gera uma taxa de 11,1% só no primeiro trimestre do ano de 2022. Além de este montante ser um absurdo, ele fica ainda mais agravado se pararmos pra pensar sobre quantas dessas pessoas possuem uma família para garantir o sustento. Mais um cenário lastimável que precisa ser revertido o mais rápido possível.

Burocracia

Esta dificuldade recorrente dentro da realidade brasileira é o resultado do excesso de requisições para uma pessoa (física ou jurídica) executar algo em prol dela ou em nome de outrem. Posso definir facilmente este imbróglio como um abuso de processos morosos em que um indivíduo ou uma empresa deve assumir para conseguir obter êxito em seu anseio. Também poderia conceituar esta falha grosseira do sistema como o fruto de uma falta de eficácia dos órgãos governamentais. No *site* Monitor Mercantil pude encontrar uma matéria elaborada em setembro de 2021 onde aponta o Brasil como o país mais complexo para se fazer negócio no mundo. Observem um trecho desta reportagem:

> A América Latina é a região mais complexa para os negócios no mundo, e o Brasil lidera a lista como o país mais complexo. É o que mostra o Índice Global de Complexidade Corporativa de 2021 (Global Business Complexity Index – 2021), relatório anual da TMF Group.

No Top 10 estão ainda México (3º), Colômbia (4º), Argentina (7º), Bolívia (8º) e Costa Rica (9º). A França é o segundo país mais complexo. Completam a lista dos 10 primeiros Turquia (5º), Indonésia (6º) e Polônia (10º).

Legislações em constante mudança e a necessidade de se lidar com diferentes instâncias governamentais são alguns dos desafios enfrentados pelas empresas que querem fazer negócios no Brasil. **"O Brasil é um mercado de grande interesse internacional**, mas o país apresenta desafios relacionados à burocracia", observa o TMF Group. (**meu grifo**)

Segundo Rodrigo Zambon, diretor da TMF Brasil, a complexidade no Brasil é impulsionada por um sistema de gestão de várias camadas, onde autoridades a nível federal, estadual e municipal têm poder legislativo substancial. "O Brasil é uma das poucas jurisdições onde o processo de incorporação de empresas deve ser registrado em todos esses níveis de governo. Muitos impostos também são cobrados em cada um dos níveis, fazendo com que as taxas tributárias variem de cidade a cidade e de estado a estado", disse ele. [...]

Observem que eu fiz questão de grifar a parte em que há a citação do Brasil como um mercado de grande interesse internacional. Tal afirmativa eu pude verificar em outras tantas matérias que tenho lido na internet. Fato é que essa repetição não pode ser uma mera coincidência. O que quero dizer é que temos um enorme potencial para ser explorado. O tal país do futuro que foi tão comentado no século passado era uma verdade mesmo. Aqui no sul temos a máxima de que não pudemos deixar passar o cavalo encilhado (a oportunidade) porque talvez ele não apareça novamente. No caso do meu amado Brasil, acho que uma manada de puro sangue já passou e nada...

Estudos científicos

A sociedade dita civilizada, desde as suas mais remotas eras de racionalização dos nossos atos até o presente momento, tem sido testemunha das tantas maravilhas patrocinadas pelos nossos cientistas porque eles são a personificação da nossa evolução em todas as áreas do conhecimento que temos notícia. Esse é um fato que não pode ter contestação porque a história tem narrado muito bem esta que uma saga belíssima que a humanidade tem escrito, apesar da ação de alguns estúpidos que ainda ignoram a sua benevolência. O site Brasil Escola da UOL apresentou um artigo muito interessante do Doutor paraguaio Benigno Núñez Novo [Doutor em direito internacional pela Universidad Autónoma de Asunción] intitulado de "A importância da ciência, tecnologia e inovação em tempos de pandemia para a sociedade" onde está descrito um importante conceito que é:

> A ciência permite a humanidade compreender um pouco mais sobre a natureza, a ciência é importante na nossa vida, pois nos ajuda a ter uma qualidade de vida melhor, pois através da ciência muitas doenças foram eliminadas. A ciência possibilita avanços na saúde, alimentação, energia e outros.
>
> [...] a ciência é mais importante que a tecnologia, pois dar-se para perceber claramente que só com os avanços científicos é que foi possível surgir a tecnologia, então dar-se para afirmar que ciência é tecnologia e tecnologia é uma ciência.

O mundo científico vive de inovações, de superações daquilo que um dia já foi muito eficiente, mas que agora fazer jus ao seu melhoramento. É um processo contínuo que exige muito de seus operadores. Inúmeros procedimentos que merecem o empenho de seus cientistas e o apoio de seus colaboradores. É nesta parte que infelizmente nós capengamos com gosto porque os investimentos de ordem pública em ciência e tecnologia estão muito aquém do ideal para uma nação do tamanho do Brasil. O site da revista Exame, em 25/08/2021, apresentou uma reportagem da Agência Brasil, por Sayonara Moreno do Estadão, onde faz um importante relato sobre a situação dos investimentos neste campo tão relevante para todos nós. A matéria tem a seguinte manchete: "Investimento do governo em ciência voltou ao nível de 2009, mostra estudo". Observemos então alguns trechos bem esclarecedores:

O governo federal investiu no ano passado em ciência e tecnologia menos recursos do que aplicava no setor em 2009. O patamar em 2020 foi de R$17,2 bilhões, ante R$ 19 bilhões há 12 anos, em valores corrigidos pela inflação do período. O levantamento é da economista Fernanda De Negri, do Instituto de Pesquisa Econômica Aplicada (Ipea), obtido pelo Estadão.

O corte de verbas cria desde problemas pontuais, como a pane da plataforma Lattes - banco de dados com informações de todos os pesquisadores brasileiros, que ficou fora do ar duas semanas neste mês - até efeitos no longo prazo, como a perda de competitividade da economia [...]

[...] a falta de dinheiro foi agravada pela retenção de parte do Fundo Nacional de Desenvolvimento

Científico e Tecnológico (FNDCT). O bloqueio foi proibido pelo Congresso, mas cerca de R$ 2,7 bilhões continuam travados. Segundo o estudo de Fernanda de Negri, o investimento em ciência e tecnologia no governo federal atingiu o pico em 2013. Daquele ano até 2020, os gastos recuaram 37% em termos reais (descontada a inflação) [...]

Estas são informações que certamente são bem tristes para a nossa realidade já tão conturbada por uma pandemia extremamente severa que ceifou (e ainda ceifa) tantas vidas aqui no Brasil e no mundo afora. Não há dúvida de que estes fatos precisam ser repensados o quanto antes, em nome de tudo o que entendemos por uma evolução sadia de nós mesmos, a sociedade em seu sentido mais amplo possível porque este compromisso de investir nos estudos científicos deve partir tanto das entidades públicas quanto do setor privado já que é um assunto que interessa bastante para essas duas partes. Investir em ciência é uma maneira também de fomentar a qualidade de vida de toda a população.

Saneamento básico

Um dos maiores déficits que temos no país se refere aos números baixíssimos de cidades que possuem o seu sistema de saneamento básico completo. Para compreendermos melhor sobre assunto, encontrei no *site* Portal da Indústria um conceito que entendo ser completo sobre o tema que é:

> Saneamento básico é um conjunto de serviços fundamentais para o desenvolvimento socioeconômico de uma região tais como abastecimento de água, esgotamento sanitário,

limpeza urbana, drenagem urbana, manejos de resíduos sólidos e de águas pluviais.

De acordo com uma matéria publicada no Blog da empresa BRK Ambiental e com embasamento nos dados colhidos pelo Instituto Trata Brasil [O Instituto Trata Brasil é uma OSCIP - Organização da Sociedade Civil de Interesse Público, formado por empresas com interesse nos avanços do saneamento básico e na proteção dos recursos hídricos do país. Fonte: site do Instituto Trata Brasil], o cenário do país nos apresenta a seguinte situação:

O Ranking do Saneamento Básico 2019 do Instituto Trata Brasil contempla as 100 maiores cidades, nas quais habitam 40% da população. A pesquisa foi feita com base nos dados do Ministério do Desenvolvimento Regional.

De acordo com o ranking, o país ainda tem quase 35 milhões de pessoas sem acesso à água tratada, 100 milhões sem coleta de esgotos (representando 47,6% da população) e somente 46% dos esgotos produzidos no país são tratados. Isso significa mais dificuldade na prevenção de doenças e altos índices de poluição em rios de todo o país.

Das 100 maiores cidades brasileiras, 90 apresentam mais de 80% da população com água tratada. Por outro lado, apenas 46 municípios têm mais de 80% da população com coleta de esgoto. Com relação ao tratamento de esgotos, os dados são piores: apenas 22 municípios tratam mais de 80%.

Mais de 80% dessas grandes cidades têm perdas de água potável nos sistemas de distribuição superiores a 30%, o que indica um grande desafio a ser vencido no setor.

O saneamento básico é um dos assuntos mais relevantes quando elencamos os elementos que tornam mais digna a vida de um cidadão. Aparentemente, este é um tópico de fácil entendimento para qualquer pessoa que se preocupe com os fatores mais relevantes de nossa existência. Todavia, o que testemunhamos é uma morosidade sem tamanho quanto ao tratamento apropriado que é necessário cumprir para que então os índices melhorem de uma maneira mais aceitável. Não falo apenas do que ocorre na atualidade e sim de um histórico que se estende até os tempos primórdios deste país. Um problema urgente que também está intimamente ligado com a saúde pública e com a destruição do meio ambiente, o que torna ainda mais grave esta circunstância já assombrosa por si só.

Habitação

Ter uma casa para chamar de lar, por incrível que pareça, ainda é um privilégio que só acolhe parte da população brasileira por n situações ligadas a diferentes circunstâncias ligadas principalmente com o lado social e financeiro destas pessoas. Essa falha neste setor vital para vida dos cidadãos é uma dívida antiga que o país ainda não pagou ao seu povo. De acordo com uma pesquisa da Fundação João Pinheiro [instituição de pesquisa e ensino, do Governo do Estado de Minas Gerais, criada pela Lei Estadual Nº 5.399, de 12 de dezembro de 1969, e sediada em Belo Horizonte. Fonte: Wikipédia], de 2019, o déficit habitacional em todo o Brasil foi de 5,8 milhões de moradias, das quais 79% concentraram-se em famílias de baixa renda. Dados que comprovam mais uma vez o tamanho da desigualdade social que há no Brasil.

Capacitação dos jovens

O mercado de trabalho vive em constante mutação de exigências e isso se apresenta como um processo que está sempre em constante evolução. Quanto mais cedo o jovem se atualizar sobre esta sistemática, mais chances ele terá de vencer esta concorrência que sempre será muito ferrenha por cada vaga surgida. Parece até a velha lei da selva [O Dicionário da Oxford define a lei da selva como "o código de sobrevivência da vida na selva, geralmente usado em referência à superioridade da força bruta ou interesse próprio na luta pela sobrevivência"], mas o campo de trabalho também se apresenta com a mesma ferocidade do mundo animal por vários motivos como: poucas vagas para muitos postulantes ao cargo, atravessadores que privilegiam a conveniência em vez da competência, indivíduos que são analfabetos laborais e que ocupam o lugar de gente habilitada para aquela função e é nesse ponto que entro de fato na questão. A capacitação é o elemento primordial para que um país consiga atingir o seu nível satisfatório de gerência, seja em uma repartição pública ou em algum setor de uma empresa privada. Não temos mais tempo para aceitarmos tantas conjecturas fantasiosas porque as gerações estão passando e mais uma vez a sensação que eu tenho é a de que a estagnação ainda reina nesse país. Em uma reportagem intitulada "Jovens no mercado de trabalho", postada no site do canal Futura, em abril de 2021, e com redação assinada por Hugo Rosas, apresenta o seguinte estudo:

> A população jovem do Brasil é, atualmente, a maior da história: mais de 47 milhões de pessoas entre 15 e 29 anos (Fonte: Pesquisa Juventudes e a Pandemia do Coronavírus). Alguns obstáculos que comprometem a trajetória de seu desenvolvimento profissional são as altas taxas de

desemprego, o trabalho informal, a insegurança em permanecer trabalhando e pouca perspectiva de avanço na carreira.

Quando somamos a isso um sistema educacional carente de ajustes e melhorias para maior eficiência, inclusão e abrangência da educação básica, chegamos a um cenário nada otimista: entre 2012 e 2020, o percentual de jovens que não trabalhavam nem estudavam aumentou – principalmente no último ano [...]

Problemas atuais como a pandemia do coronavírus e outras mazelas já costumeiras da nossa realidade como: a desigualdade social, a dificuldade de se entrar ou de permanecer em uma universidade até a conclusão do curso por n fatores que atravancam a vida dos menos favorecidos e a desmotivação por efeito de algo alheio a vontade da pessoa estudante acabam gerando muitos empecilhos ao decorrer desse caminho que sempre se mostra sinuoso e deveras arriscado para quem quer se aventurar nesse sonho de querer se capacitar em uma nação afundada em crises megalomaníacas que pouco oferece de guarida para os que tanto merecem.

Os indígenas brasileiros

Na lista das maiores injustiças cometidas neste país, o que aconteceu e ainda acontece com a população indígena com certeza fazer jus a muito destaque neste rol de ingerências em série já que o respeito com eles é mínimo, para não expressar coisa pior. Em uma matéria publicada em junho de 2020 no Jornal da USP [Universidade de São Paulo. É a maior e mais importante universidade pública do Brasil, uma das mais importantes da Ibero-América, do mundo lusófono e uma das mais prestigiadas em todo o mundo. Fonte: Wikipédia], o professor Pedro Dallari [(São Paulo, 09 de março de 1959) é formado em Direito (1981) pela Faculdade de Direito Universidade de São Paulo (USP) e em Administração de Empresas pela FGV-SP (1984). Mestre (1992), Doutor (1999) e Livre-Docente em Direito Internacional (2009) pela Faculdade de Direito da USP, Dallari se encontra vinculado àquela universidade desde 2002, sendo atualmente professor titular e diretor do Instituto de Relações Internacionais e coordenador do Centro Ibero-Americano. Ex-vereador constituinte e ex-deputado estadual em São Paulo, foi secretário de governo da gestão Luiza Erundina em São Paulo. De 2004 a 2008 foi juiz e presidente do Tribunal Administrativo do Banco Interamericano de Desenvolvimento (BID) e é atualmente membro do Conselho Diretor do Centro de Estudos de Justiça das Américas (CEJA), órgão da Organização dos Estados Americanos (OEA). É autor de livros e artigos nas áreas de Direito Internacional e Relações Internacionais] nos explica que:

> [...] "Os mecanismos constitucionais garantiram que houvesse uma maior proteção aos índios brasileiros. Mas vemos um retrocesso brutal atualmente por causa da negativa do atual governo em dar seguimento à política determinada na Constituição",

afirma Dallari. "Há três fatores que geram grande preocupação: o desmonte da Funai, a falta de atendimento especializado à população indígena em face da pandemia do novo coronavírus e a crescente ameaça da tomada das terras indígenas", garante o colunista.

Segundo ele, é necessário o apoio à resistência dos povos indígenas. "Na Austrália, por exemplo, nas recentes manifestações sociais, houve uma atenção especial com a proteção dos direitos dos povos aborígenes. E é importante que isso também ocorra no Brasil", afirma o professor. [...]

O que quero assentar a este texto é o quanto que a sociedade em seu sentido *lato sensu* também precisa se engajar nessa causa. Não quero focar apenas em uma cobrança direcionada para a classe política porque especificamente esta causa deve ser de todos nós, brasileiros que buscam compreender e resolver as nossas maiores falhas. Portanto, declino nesse instante o meu apelo para que todos reflitam sobre o que está acontecendo com os nossos irmãos indígenas. Isso que nem comentei sobre o que é o tal do Marco Temporal (dica: vale muito a pena uma pesquisa sobre esse tema que é bem polêmico).

O Mercosul

O Mercado Comum do Sul – mais conhecido por sua sigla MERCOSUL - é um bloco econômico sul-americano formado pelo Brasil, Argentina, Uruguai, Paraguai e outros países conexos e outros tantos na condição de observantes. A entidade foi criada no já distante ano de 1991 e tem como escopo ampliar a oferta de emprego e renda, aperfeiçoar a produtividade e ativar as relações econômicas entre os países do próprio bloco e com os outros grupos existentes mundo afora. Como crítico ferrenho que assumo que sou, estava pronto para formular um parecer bem negativo sobre esta questão que para mim sempre se mostrou em um interminável "banho-Maria" e nada mais. Foi então que li, em 18 de maio de 2022, no site Brasil 61, uma matéria com a seguinte manchete: "MERCOSUL: Comissão do Congresso aprova acordo sobre facilitação do comércio" e que possui um conteúdo atualizado sobre esta aliança de países sulamericanos do qual pincei as seguintes informações:

> A Comissão da Representação Brasileira no Parlamento do Mercosul (Parlasul) aprovou, nesta terça-feira (17), o texto do Acordo sobre Facilitação do Comércio entre os países que fazem parte do bloco econômico. O documento foi assinado por Brasil, Argentina, Paraguai e

Uruguai em 2019, mas precisava passar pelo Congresso Nacional.

O acordo tem o objetivo de estabelecer regras e princípios para facilitar o comércio entre os países do Mercosul, fortalecendo a integração regional. O texto prevê que os procedimentos associados às operações de importação, exportação e circulação de produtos sejam mais ágeis e simples.

Com essa medida pactuada, a esperança foi renovada e eu espero do fundo do meu coração perseverante que esta ação consiga preencher muitos espaços em branco e imprecisões que tenho sobre este bloco econômico que, ainda no campo da tese, tem todos os elementos para se tornar uma potência mundial nos negócios e ser um dos parceiros econômicos mais relevantes para as nações dos outros continentes. A comunidade sulamericana possui muita riqueza ambiental, cultural e com uma população que é extremamente trabalhadora. Requisitos estes fundamentais para a construção de uma história de sucesso que pode muito bem deslanchar depois desta boa-nova que recebi com a reportagem retro citada.

Saúde

Este tema é e sempre será motivo de muito estudo no sentido de que a prestação do serviço e os avanços científicos estejam em constante evolução para que a nossa população se sinta atendida da melhor maneira possível. É bem verdade que o SUS [O Sistema Único de Saúde é o maior sistema público de saúde do mundo. Proporciona acesso gratuito, universal e integral a todos, brasileiros ou não, em território nacional. Seu complexo sistema integrado nos níveis federal, estadual e municipal permite um atendimento amplo, tanto em termos de alcance populacional quanto em termos de serviços de saúde, desde atenção básica e saúde da família até cirurgias de alto risco, como transplante e separação de gêmeos siameses. Além de serviços de baixa, média e alta complexidade, o SUS também atua na vigilância epidemiológica e sanitária, assistência farmacêutica, atenção hospitalar, serviços de urgência e emergência, distribuição gratuita de medicamentos e pesquisas na área da saúde. Fonte: Mundo educação da UOL] apresenta resultados muito positivos desde a sua criação, mas esse fato por si só não implica em dizer que não pode haver um aperfeiçoamento do que já existe. A vigilância tem de ser constante para que uma engrenagem tão eficaz como esta não esmoreça. Como prova dessa vigilância, pude encontrar em uma importante reportagem vista no site do jornal O Estadão, onde a manchete nos revela que "Brasil perde chance de aprimorar o SUS" em que a análise apresentada é a seguinte:

O sistema está estagnado, mas a pressão aumenta. Se em 2018, 64% da população dependia do SUS, hoje se estima que sejam 75%. Em 2017,

8,9% dos brasileiros tinham mais de 65 anos. Em 2050, serão 21,9%. As projeções sugerem que os gastos com saúde, que em 2019 respondiam por 9,6% do PIB, crescerão para 12,6% em 2040.

Em diagnóstico sobre o SUS, a **OCDE** apontou alternativas para fortalecê-lo. Novas fontes de recursos podem ser geradas em nível federal sem comprometer o caminho rumo à recuperação fiscal, por exemplo, ajustando as regras de indexação para programas sociais e salários do funcionalismo, ou reduzindo a dedução de impostos em gastos com o sistema privado.

A modernização do sistema de saúde primária e mais coordenação entre as áreas de atendimento podem trazer enormes ganhos de eficiência. O Brasil, por exemplo, já conta com um uma razoável infraestrutura de dados de saúde, mas está atrás dos países da

OCDE em disponibilização,
governança e integração. (meu grifo)

Informações que servem para ficarmos atentos aos próximos passos que serão dados com relação a gerência deste importante órgão que tão bem serve a população brasileira. Também convém explicar sobre a OCDE - Organização para a Cooperação e Desenvolvimento Econômico - que é uma organização econômica intergovernamental com 38 países membros (fundada em 1961) para instigar o progresso econômico e o comércio mundial.

A ciência é um constante exercício de criação e recriação de conceitos. O processo de aprendizagem é ininterrupto e eterno porque não há limites para a capacidade humana se desenvolver em prol de muitos benefícios que logo adiante o cidadão irá ser acudido com tal inovação. O genial alemão Albert Einstein [(1879 – 1955) foi matemático e físico, considerado uma das mentes mais brilhantes da ciência. O alemão desenvolveu a Teoria da Relatividade, estabeleceu a relação entre massa e energia e formulou a conhecida equação $E = mc^2$. Também fez grandes descobertas para a Física Estatística. Fonte: site Info Escola] nos esclarece de maneira bem lúdica que *toda a nossa ciência, comparada com a realidade, é primitiva e infantil – e, no entanto, é a coisa mais preciosa que temos.*

Caso fosse necessário traçarmos uma linha do tempo sobre as tantas mentes que colaboraram para as melhorias da ciência, poderíamos facilmente ir de Hipócrates [Médico grego, nasceu na Ilha de Cós, aproximadamente em 460a.C.. Considerado o pai da Medicina, é o mais célebre médico da Antiguidade e o iniciador da observação clínica. Em Atenas, praticou e ensinou, aprendendo ao mesmo tempo, lógica com Górgias de Leontino. Seu trabalho marca o fim da Medicina como manifestação mágica e divina e inaugura a ciência baseada na observação clínica. Seus escritos, reunidos nos 72 livros do Corpus Hippocraticum (Coleção Hipocrática), tratam de epidemias, articulações e fraturas. O Juramento , trabalho que resume sua ética, é pronunciado até hoje pelos formandos de Medicina.Morreu em Larissa, Tessália, entre 375 e 351a.C. Fonte: site da Fiocruz] até os atuais magníficos cientistas que elaboraram as vacinas para combater o vírus da COVID-19. No Brasil, temos muito que nos orgulhar quanto a figuras que realizaram e continuam realizando trabalhos de grande relevância. Em uma pesquisa que realizei junto ao maravilhoso site do Canal Ciência, pude colher alguns nomes que estão marcados na história nacional pelos seus brilhantes feitos em nome da ciência e da humanidade em seu sentido mais genérico. A nobre lista contém os seguintes nomes e respectivos feitos/profissões e áreas do conhecimento:

Djalma Guimarães – (1894 – 1973) Mineiro. Conhecido como um dos mais importantes engenheiros e geocientistas do Brasil, sendo considerado o pioneiro em diversos campos das geociências no país. Entre elas, a descoberta de grandes jazidas de nióbio.

Augusto Ruschi – (1915 – 1986) Capixaba. Conhecido por seus trabalhos, sobretudo, na área da biologia, contribuiu imensamente para a ampliação do conhecimento sobre a fauna e a flora brasileiras.

Mares Guia - (1935 – 2002) Mineiro. Foi bioquímico e um dos mais importantes pesquisadores da área de biotecnologia do país. Conhecido por ter criado o método que gera a insulina humana e por ter fundado a Biobrás [Em 2000, a Biobrás obteve patente internacional da insulina sintética. Em 2002, a empresa foi vendida para a dinamarquesa Novo Nordisk. Marcos Luiz dos Mares Guia morreu no mesmo ano e hoje dá nome a um prêmio concedido pelo governo de Minas Gerais que reconhece pesquisadores e instituições responsáveis por avanços da pesquisa básica. Fonte: site da UFMG – Universidade Federal de Minas Gerais].

Adolpho Lutz – (1855 – 1940) Carioca. Precursor da medicina tropical e zoologia médica no Brasil, no início do século XX, foi pioneiro no estudo e combate das doenças transmissíveis de alto risco, tais como: malária, hanseníase, leishmaniose, esquistossomose, tifo e febre amarela.

José Lutzenberger – (1926 – 2002) Gaúcho. Agrônomo, escritor, filósofo, paisagista e ambientalista. Defendeu a preservação dos recursos naturais, das energias limpas, renováveis e tecnologias socialmente desejáveis e ecologicamente sustentáveis.

Juliano Moreira – (1873 – 1933) Baiano. Conhecido por seu importante papel na consolidação da psiquiatria brasileira, o médico baiano Juliano Moreira foi diretor do Hospital Nacional de Alienados e da Assistência Médico-legal de Alienados.

Virgínia Leone Bicudo – (1910 – 2003) Paulista. Uma das grandes defensoras da psicanálise do Brasil, a primeira psicanalista sem formação médica, além de uma das primeiras professoras universitárias negras do Brasil.

Euryclides Zerbini – (1912 – 1993) Paulista. Foi o quinto cirurgião do mundo, e o primeiro da América Latina, a realizar um transplante de coração.

Bertha Lutz – (1894 – 1976) Paulistana. Conhecida como cientista e pioneira na luta pelo voto feminino e igualdade de direitos entre homens e mulheres, trabalhou para o reconhecimento feminino em âmbito internacional.

Oswaldo Cruz – (1872 – 1917) Paulista. Sanitarista brasileiro que se tornou um dos grandes nomes da saúde pública no Brasil. Ele ficou conhecido por atuar na análise de diversas epidemias, propondo a criação de soros e vacinas. Atuou também para acabar com a varíola, febre amarela e peste bubônica no Rio de Janeiro, no começo do século XX. (Fonte: site Mundo Educação da UOL). Isso sem contar o instituto que o citado criou e que tanto bem nos faz até os dias atuais.

Miguel Nicolelis – (1961) Paulistano. Médico e cientista, considerado um dos vinte maiores cientistas em sua área no começo da década passada pela revista de divulgação Scientific American. Foi considerado pela Revista Época um dos 100 brasileiros mais influentes do ano de 2009. (Fonte: Wikipédia)

Pedro Hallal - Gaúcho. Educador Físico e epidemiologista. Foi reitor da UFPel de 2017 a 2020, onde dá aulas desde 2005. É o editor-chefe da revista científica Journal of Physical Activity and Health. Possui um livro publicado pela

Editora Atheneu, com o título "Epidemiologia da Atividade Física". É um especialista reconhecido mundialmente no segmento de controle de epidemias, tendo sido um dos fundadores e presidente, de 2012 a 2013, da Sociedade Brasileira de Atividade Física e Saúde. (Fonte: site da UEM – Universidade Estadual de Maringá).

Natalia Pasternak – (1976) Paulistana. Formada em Ciências Biológicas pelo Instituto de Biociências da Universidade de São Paulo (IB-USP) e tem PhD com pós-doutorado em Microbiologia, na área de Genética Molecular de Bactérias pelo Instituto de Ciências Biomédicas da mesma universidade (ICB-USP). Em 2020, tornou-se a primeira pessoa brasileira a integrar o Comitê para Investigação Cética (CSI, na sigla em inglês), instituição criada nos Estados Unidos, em 1976, para investigar, apurar e esclarecer alegações que negam ou desafiam a ciência e que contou, dentre outros, com Carl Sagan, astrônomo e o mais renomado divulgador científico da história, entre seus fundadores. No mesmo ano, foi agraciada com o prêmio internacional de promoção do ceticismo "The Ockham Award" (Navalha de Ockham), promovido pela The Skeptic. Atua como pesquisadora associada do ICB-USP, no Laboratório de Desenvolvimento de Vacinas (LDV), como professora visitante no departamento de Ciência e Sociedade da Columbia University, nos Estados Unidos, e como professora convidada na Fundação Getulio Vargas, na escola de Administração Pública. É colunista do jornal O Globo, da revista The Skeptic (UK) e do site Medscape. Também atua como comentarista na Rádio CBN e no Jornal da Cultura. E publicou, com o jornalista Carlos Orsi, os livros Ciência no Cotidiano, pela editora Contexto, e Contra a Realidade, pela Papirus 7

Mares. Em 2018, fundou o Instituto Questão de Ciência (www.iqc.org.br) com o objetivo de promover o pensamento crítico e racional, e políticas públicas baseadas em evidências científicas. (Fonte: Instituto Questão de Ciência)

Margareth Dalcolmo – (1954) Capixaba. Pneumologista, com doutorado em medicina pela Universidade Federal de São Paulo (Unifesp), e pesquisadora da Fiocruz. Presidente Eleita da Sociedade Brasileira de Pneumologia e Tisologia para o biênio 2022-2024, é integrante da Comissão Científica das Sociedades Brasileiras de Pneumologia e Tisiologia (SBPT), da Sociedade Brasileira de Infectologia (SBI), da Rede Brasileira de Pesquisa em Tuberculose (Rede-TB) e do Steering Committee do Grupo denominado Resist TB, da Boston Medical School. Integra também o Expert Group for Essential Medicines List da Organização Mundial da Saúde (OMS) e o

Regional Advisory Committee do Banco Mundial para projetos de saúde na África Subsaariana em tuberculose e doenças respiratórias. Tem experiência como investigadora principal em ensaios clínicos para o tratamento da tuberculose, e para vacina e tratamentos para Covid-19. Professora da pós-graduação da Pontifícia Universidade Católica do Rio de Janeiro (PUC-Rio), tem mais de cem artigos científicos publicados nacional e internacionalmente. Em 2021 recebeu os prêmios Nise da Silveira, oferecido pela Prefeitura do Rio de Janeiro, por meio da Secretaria Especial de Políticas e Promoção da Mulher (SPM-Rio), e o Faz diferença – Personalidade do Ano (2020), do jornal O Globo, onde mantém uma coluna semanal. (Fonte: site Bazar do Tempo).

Pessoas iluminadas pelas quais eu deixo gravado neste texto o meu agradecimento pelo tanto que contribuíram e continuam cooperando para as tantas melhorias em nossas vidas. Também deixo registradas as minhas escusas pelo tanto de indivíduos célebres que não citei neste rol de ilustres. Enfim, o orgulho de ser brasileiro sempre é renovado quando revistamos estas biografias tão esclarecidas pelo espetacular brilho solar da ciência.

Uma gestão pública que oferece um atendimento adequado (tanto nos serviços de urgência e emergência quanto nos serviços de prevenção) permite que o país avance em todas as suas metas porque a saúde de sua população é algo sagrado que nunca pode ficar em segundo plano ou por vias paliativas que não apresentam nenhuma eficácia em suas ações, o que logo caracterizaria uma espécie bem evidente de improbidade administrativa. É necessário ficarmos vigilantes para que tudo ocorra dentro de, no mínino, uma normalidade que se confia. Aliás, digo sem nenhum temor de ser posteriormente corrigido que a nossa cobrança enquanto cidadão legitimado pela Constituição Federal do Brasil deve ser sim um pouco além do tom mesmo já que a tamanha carga tributária que temos de dar conta todos os dias úteis ou não de cada ano tem de ser justificada com uma contrapartida digna pelo menos no campo da saúde e da educação (tema este que veremos logo adiante). Já dizia os nossos antepassados: *com saúde não se brinca.* E olha que esta frase tem vários sentidos verdadeiros já que diz respeito ao nosso corpo em si e pode se referir também a maneira como os administradores públicos ou prestadores de serviço terceirizados ou inteiramente particulares gerenciam este sistema que sempre foi e sempre será deveras complexo por efeito dos desafios constantes do qual esta área vital do existencialismo é submetida.

Educação – a "mãe" de todas as demandas

Começo este tópico com a seguinte provocação: é possível calcular a importância da educação na vida de uma nação? No meu entendimento, não. Para embasar esse juízo sobre este tema essencial, eu compactuo com o mesmo pensamento do Instituto Algar [Desde 1994, o Grupo Algar investe em programas sociais voltados à comunidade, com o objetivo de contribuir para a melhoria da qualidade da educação brasileira. Fonte: site do instituto Algar] sobre esse tema quando li no site da citada instituição o seguinte:

> A educação tem grande potencial transformador quando pensamos sob a perspectiva de desenvolvimento social. A informação e o conhecimento que uma pessoa recebe ao longo da vida podem fazer a

diferença e, dessa forma, mudar estatísticas e realidades.

Não é à toa que o estudo é tão valorizado quando pensamos em mudanças de paradigmas. É por meio do estudo que muitas pessoas obtêm ascensão social e superam desigualdades. Além disso, uma educação de qualidade muda não apenas a realidade de um indivíduo, mas também de sua família, de seu círculo social e, por fim, de um país inteiro.

A resposta para todas as outras pautas apresentadas nessa obra está basicamente na importância que cada um de nós vai focar em prol do ensino que queremos como o mais próximo de um ideal estipulado como meta. A educação de qualidade elevada é o topo de todas as conquistas que um país pode alcançar em qualquer ponto da sua história porque representa o avanço verdadeiro em tudo o que há para ser melhorado em um país que se compreende como responsável por cuidar do seu próprio povo, natureza e de um bom convívio com as outras nações. Somos sim capazes de realizar uma reviravolta positiva nesse sentido e esse discurso não é apenas direcionado para a classe política do Brasil porque se trata de um compromisso de cada um de nós que acredita numa realidade melhorada daqui para frente. Acho que está mais do que na hora de colocarmos as nossas consciências para funcionar no sentido de vermos qual a melhor saída para cada problema educacional que estamos vivendo. No passado, existiram erros e acertos (certamente mais falhas do que êxitos), mas o que precisamos é ter em mente que tudo pode ser aprimorado se assim desejarmos com atitudes práticas e mentalidades progressistas. O mestre Chico Xavier [(1910 – 2002) Francisco Cândido Xavier, mais conhecido como Chico Xavier, foi um médium, filantropo e um dos mais importantes expoentes do Espiritismo. Chico Xavier escreveu mais de 450 livros, que até o ano de 2010 já haviam vendido mais de 50 milhões de exemplares. Fonte: Wikipédia] nos ensina que *ninguém pode voltar atrás e fazer um novo começo, mas qualquer um pode recomeçar e fazer um novo fim*. Assim sendo, a ação coletiva de querer melhorar tem de ser constante e entendida como vital para a evolução da nação brasileira. Nada pode surgir do acaso e esta causa tem de ser 100% aceita por todos nós, indivíduos que compreendem o que de fato é o exercício da cidadania.

A educação é uma preocupação de todos os indivíduos que querem evolucionar juntamente com a sociedade ao seu redor e que não se resume a apenas aos ditames relacionados com as pedagogias implantadas em sala de aula porque, afinal, a existência de cada um de nós é um constante aprendizado até o nosso suspiro derradeiro. Esta vontade de querer sempre aprender algo em prol de algum enriquecimento cognitivo que pode ser intencionado a mais indivíduos sempre esteve presente na nossa história como, por exemplo, a Paidéia [termo do grego antigo, empregado para sintetizar a noção de educação na sociedade grega clássica. Inicialmente, a palavra (derivada de paidos (pedós) - criança) significava simplesmente "criação dos meninos", ou seja, referia-se à educação familiar, os bons modos e princípios morais. Fonte: site Info Escola] grega que tinha os seguintes preceitos que pude encontrar no site Info Escola:

> A partir do século V a. C., o conceito de aperfeiçoamento do ser humano **para o bem da sociedade** como um todo segue em plena evolução. A noção agora vigente é que, para além de formar o homem, a educação deve ainda **formar o cidadão**, deixando de ser suficiente a simples e antiga educação baseada na ginástica, música e gramática.

O conceito acabado da Paidéia torna-se o ideal educativo da Grécia clássica. Com o tempo, passou designar o resultado do processo educativo que se prolonga por toda vida, muito para além da escola. Até os dias de hoje seus ideais são imitados em praticamente todo o mundo, como um perfeito entendimento de **formação social do ser humano**. (**meu grifo**)

Toda a pessoa faz parte de um contexto mais amplo que entendemos ser a sociedade. Este órgão imenso nunca para de se reinventar e deve ser gerido para no sentido de que saibamos o ônus e o bônus que é de responsabilidade da própria coletividade devidamente instruída para desenvolver esse procedimento essencial. Quanto mais nós ficarmos alinhados com esse ciclo progressista, mais elementos positivistas se avizinharão em prol de nós mesmos. Parece um movimento simplista e será deveras prático se, antes de qualquer coisa, nós captarmos o sentido vital da educação para o crescimento de todo o ser humano.

O site Notícias e Concursos nos apresenta uma matéria muito relevante em 28 de junho de 2020 onde a reportagem de Clara Ribeiro nos apresenta "os 5 principais obstáculos enfrentados pelo sistema educacional" que são:

1 – Desafios socioeconômicos

A falta de igualdade de oportunidades entre as diversas camadas da sociedade faz com que nem todos tenham acesso à escola formal, faculdade ou qualquer outro nível de formação.

Também não é igualitária a aprendizagem, uma vez que há déficit na cadeia de ensino para pessoas com deficiências físicas e intelectuais, assim como as que têm qualquer dificuldade [...]

2 – Evasão escolar

Enquanto o início do Ensino Fundamental tem boa adesão, as demais fases da educação básica sofrem com a chamada evasão escolar.

De acordo com o Anuário Brasileiro da Educação Básica 2020, citado no tópico anterior, cerca de 88.631 mil crianças e adolescentes entre 6 e 14 anos de idade não estão matriculados em escolas.

Esse número é ainda maior quando falamos de jovens entre 15 e 17 anos, que deveriam estar estudando no Ensino Médio: 674.814 estão fora da escola.

Todavia, a evasão escolar tem motivações muito mais complexas. As principais são:

Baixa renda familiar

Pais e responsáveis com pouca (ou nenhuma) escolaridade

Domicílios em áreas rurais, isoladas ou de risco

Trabalho infantil / informal

Discriminação racial ou por gênero

Atraso escolar maior que dois anos

3 – Analfabetismo

A taxa de analfabetismo no Brasil também surge como um dos obstáculos enfrentados pelo sistema educacional.

Esse número é medido pelo IBGE, por meio da Pesquisa Nacional por Amostra de Domicílios Contínua. O último balanço, em 2018, mostra que o analfabetismo no Brasil atinge 11,3 milhões de pessoas. Isto significa cerca de 6,8% da população acima de 15 anos sem saber ler e nem escrever [...]

[...] o Plano Nacional de Educação (PNE) de 2015 tinha como meta reduzir drasticamente o número de analfabetos no País. Mas as pesquisas indicam que, mesmo tendo caído a porcentagem, essa redução é bem lenta e os números permanecem altíssimos.

4 – Violência contra professores

Segundo a Operação para Cooperação de Desenvolvimento Econômico, a OCDE, o Brasil lidera o ranking de violência contra professores de escolas do Ensino Fundamental e Médio.

Há algumas causas para que isso ocorra. Por exemplo:

Múltiplas situações de risco

Ausência de proteção

Problemas acadêmicos

Dificuldades na aprendizagem

Maior taxa de repetência

Faltas sem justificativa

Punições mais duras

Entre medidas ditas como eficazes, segundo os especialistas em educação e no sistema educacional, está a realização de assembléias em sala de aula. Os conflitos deveriam ser trabalhados de forma constante para que não houvesse brechas para atentados do tipo.

5 – Falta de investimentos

É consensual que há déficits no que diz respeito à estrutura das escolas já existente, à quantidade de instituições, sobretudo nas periferias, à formação dos professores, aos equipamentos de tecnologia, entre tantos outros [...]

Este panorama certamente nos apresenta questões muito graves que devem ser trabalhadas com muito empenho para diminuirmos drasticamente estes números já que são todos dados inaceitáveis para qualquer nação que compreende o significado vital da educação. Mais uma vez volto a frisar que este não é somente um compromisso de ação dos administradores políticos, mas de todos nós, brasileiros que compreendem o cenário que não é nada satisfatório e que querem alterá-lo para melhor o quanto antes. Afinal, somos agentes transformadores e a educação precisa de todos nós hoje e sempre. Para encerrar esse tópico, deixo duas frases de Paulo Freire [(1921-1997) é o Patrono da Educação Brasileira e autor da "Pedagogia do Oprimido". Conhecido pelo método de alfabetização de adultos que leva seu nome, Freire desenvolveu um pensamento pedagógico que defende que o objetivo maior da educação é conscientizar o estudante. Fonte: site Guia do estudante da editora Abril] que são:

A educação é um ato de amor, por isso, um ato de coragem. Não pode temer o debate. A análise da realidade. Não pode fugir à discussão criadora, sob pena de ser uma farsa.

Se a educação sozinha não transforma a sociedade, sem ela tampouco a sociedade muda.

8. O TRUNFO NA MANGA

O brilhante cantor e compositor paraibano Geraldo Vandré (1935) já nos explicou em sua obra-prima do cancioneiro tupiniquim (intitulada "Pra não dizer que não falei das flores") que *quem sabe faz a hora, não espera acontecer*. Todavia, o que é mais costumeiro na nossa realidade é a tristeza de saber que talvez nem venha a acontecer por tamanha improbidade dos nossos representantes. Assim sendo, o legislador constituinte, sabiamente, já previu que em algumas situações o eleitor é que terá que tomar uma atitude por si só para que um anseio coletivo se torne pelo menos em um projeto de lei. Para tanto, criou a possibilidade de existência de uma norma de iniciativa popular que está bem descrita no §2º do artigo 61 da Constituição Federal do

Brasil, o qual eu apresento logo abaixo em seu inteiro teor:

> § 2º A iniciativa popular pode ser exercida pela apresentação à Câmara dos Deputados de projeto de lei subscrito por, no mínimo, **um por cento do eleitorado nacional**, distribuído pelo menos por cinco Estados, com não menos de três décimos por cento dos eleitores de cada um deles. **(meu grifo)**

Então, a partir do que está estipulado na lei, temos o seguinte cálculo para que ocorra de fato este projeto de lei: o Brasil possui ±150.000.000 (cento e cinqüenta milhões) de eleitores [estes números são uma estimativa em cima dos dados apresentados pelo TSE – Tribunal Superior Eleitoral - em 2020 onde este colegiado expôs o número de quase 148 milhões de eleitores aptos para votar naquela ocasião]. Isso significa que o projeto só encontrará a sua legitimidade e amaro legal em seu trâmite se ele obtiver a assinatura de pelo menos 1.500.000 (um milhão e meio) de eleitores de, no mínimo, 5 estados da federação com pelo menos 0,3 (três décimos) de cada um deles.

Diante do exposto, o que posso afirmar para os meus leitores é a sensação animadora que me proporcionaria ao testemunhar a concretização desta ação popular. Seria, sem sombra de dúvidas, um dos acontecimentos dos mais emblemáticos para a história do nosso país porque apresentaria para os políticos desse Brasil um gesto que demonstraria muito sobre o quanto que estamos empenhados em mudar para melhor a nossa nação. Esta é uma maneira muito nobre de expressar a nossa vontade e não deixa de ser uma maneira de dizermos com todas as letras: estamos vivos, atentos e com muita vontade de fazer algo em prol da coletividade.

Então, minhas amigas e meus amigos, lembrem-se sempre de que ainda temos um trunfo na manga para exigirmos o que é nosso de pleno direito: §2º do artigo 61 da Constituição Federal.

Quando tal iniciativa se restringe aos limites municipais, os artigos 14 e 29 da Constituição Federal garantem que a população pode participar desse processo por intermédio destes projetos de iniciativa popular, desde que apoiada por 5% do eleitorado, pelo menos. Além disso, a Lei Orgânica de cada cidade também assegura a participação popular na apresentação de projetos, cabendo à Câmara legislativa a normatização desta ação.

MENSAGEM AO ELEITOR BRASILEIRO

Este país abençoado por Deus e bonito por natureza é o meu recanto e o meu orgulho neste mundo cada vez mais egocêntrico e esquizofrênico que o Século XXI nos apresenta todos os dias nas manchetes matinais ou vespertinas. Por mais que haja um aparente desinteresse advindo de nossa parte, o povo, eu acredito que houve sim uma evolução quanto ao exercício de cidadania que há em cada um de nós no sentido de levantarmos algumas questões pertinentes via redes sociais (ainda que de um modo bem tímido, no meu humilde modo de observar a situação em âmbito genérico). Obviamente que este horizonte de possibilidades ainda não foi totalmente explorado, mas é imperioso (para o nosso próprio bem em seu sentido mais amplo possível) que façamos valer as nossas pautas com uma voz cada vez mais alta e com um coro cada vez mais unido e afinado.

O Brasil tem todos os predicados de um Estado independente que pode prosperar em todos os seus requisitos inerentes a justiça social, mas também é urgente que haja uma consciência coletiva que atue de maneira enfática e assídua porque só desta maneira a classe política entenderá sobre o valor de cada um de nós e sobre a força poderosa que nós temos se as demandas tiverem um clamor uníssono. Esta união que me refiro precisa ter uma base sólida que, no meu humilde juízo de valor, deve começar com uma presença maciça nas urnas porque os ciclos dos representantes, novos ou reeleitos, começam a partir deste marco extremamente significativo que é a oportunidade da execução propriamente dita da nossa escolha.

Eleitores do meu Brasil, eu deixo registrada nesta obra a minha súplica para que percebam o grandioso poder que vocês possuem. A cidadania do país depende da vontade exclusiva de vocês ao escolherem os seus representantes. Além do mais, na qualidade de representados, temos sim todos os direitos de reivindicarmos as nossas demandas durante as campanhas eleitorais e no decorrer de um mandato. O dirigente público tem que ter a ciência exata de que a sua gestão só será entendida como completa a partir do momento em que adotar a medida de audição de seu povo porque governar para si ou para alguns é uma prática que não tem e nunca teve fundamento por ser maneira de lidar que considero totalmente imoral, ilegal e ilegítima.

Conjecturas políticas não podem ser confundidas com trocas de favores que alimentam apenas a vaidade dos agentes dessa conversa nada produtiva para a nação brasileira. Senhores políticos, troquem de vez o pronome eu pelo pronome nós porque já não agüentamos mais tamanha improbidade em nome de uma corrupção que não cessa. Agir em nome da coletividade exige o uso de um componente muito sério chamado responsabilidade. Acordem para esta realidade cheia de desigualdade social, racismo estrutural, violência em suas múltiplas facetas, inflações absurdas, juros exorbitantes, pobreza extrema, devastação de nosso meio ambiente, impostos em demasia, entre tantas outras problemáticas que enfrentamos todo o santo dia, dentro ou fora de nossos lares. Não agüentamos mais! Tenho certeza de que esse é um grito que está abafado por tanto tempo, mas que em algum instante ele irá ressoar ao longe e além para exemplificar esse sentimento de impotência que sentimos quando ficamos sabendo dessas inúmeras perversidades em série que ocorrem em tantas esferas executivas e legislativas dessa nação.

Estamos, vivos, atentos e merecemos respeito. Assim é que a nossa conversa (enquanto cidadão consciente de nosso dever e de nossa obrigação) deve começar porque não há mais espaço para o descaso. Este país é o nosso lar e quem executa ou legisla faz isso porque a maioria de nós, os eleitores, aprovou tal opção como o legítimo condutor de tais funcionalidades. Contudo, essa permissão que nós demos não pode ser ampliada para algo que está fora do que a legislação permite. Nós, o povo brasileiro, exigimos apenas o que é nosso por direito e vocês, os representantes, façam aquilo que é permitido por direito (princípio da legalidade: nenhum cidadão pode ser obrigado a fazer, ou deixar de fazer alguma coisa, senão em virtude de Lei).

O sufrágio é um passo fundamental para o exercício sadio da democracia. O nosso compromisso em saber sobre para quem nós estamos oferecendo tamanha confiança é tão importante quanto. É nesse sentido que conceituo o eleitor como o protagonista de uma nação porque ele tem o poder de decidir sobre o seu próprio futuro e sobre o futuro de todos os outros integrantes que compõem o povo. Não jogue fora o seu voto. Não venda o seu voto. Não se corrompa por nada. Não se intimide diante de uma pessoa faminta apenas pelo poder e nada mais. Conserve a sua personalidade e mantenha bem firme os seus princípios morais. Peço encarecidamente que se lembrem da dimensão desta ação tão nobre que o voto porque se trata, entre outras circunstâncias, da nossa dignidade que está em jogo.

Esta obra se finda com o que entendo ser muito emblemático para a população brasileira: o preâmbulo da Constituição Federal de 1988. Que Deus abençoe a todos!

Nós, representantes do povo brasileiro, reunidos em Assembléia Nacional Constituinte para instituir um Estado Democrático, destinado a assegurar o exercício dos direitos sociais e individuais, a liberdade, a segurança, o bem-estar, o desenvolvimento, a igualdade e a justiça como valores supremos de uma sociedade fraterna, pluralista e sem preconceitos, fundada na harmonia social e comprometida, na ordem interna e internacional, com a solução pacífica das controvérsias, promulgamos, sob a proteção de Deus, a seguinte CONSTITUIÇÃO DA REPÚBLICA FEDERATIVA DO BRASIL.